ちくま新書

性風俗サバイバル

——夜の世界の緊急事態

坂爪真吾
Sakatsume Shingo

1562

性風俗サバイバル——夜の世界の緊急事態【目次】

はじめに

†スマホに残る激戦の跡

二千九百二十九人。これは、二〇二〇年（令和二年）の一年間で、性風俗の世界で働く女性の無料生活・法律相談窓口「風テラス」が対応した相談者の合計人数である。

二〇二〇年十二月三十一日現在、私の手元にある風テラスの相談専用スマートフォンには、ＬＩＮＥに千七百十六名の友だちが登録されており、ツイッターでは五千七百五十九名のフォロワーとつながっている。

一年間、このスマホを通して、私たちは北海道から沖縄まで、全国各地の性風俗店で働く女性たちとつながり、早朝から深夜まで、数えきれないほどのやりとりをした。泣きじゃくる女性を励まし、「今すぐ死にたい」と訴える女性の声を傾聴した。時には攻撃的な言葉を浴びせられたり、一方的に通話を切られることもあった。

殺到する相談に対して、懸命に回答し、求められている情報を発信した。所持金が尽きそうなシングルマザーには、ソーシャルワーカーの相談員が緊急小口資金の申請方法と地元の受付窓口を伝えた。緊急事態宣言の中、住まいを失ってネットカフェを転々としていた女性には、最寄りの役所の地図と、生活保護の申請方法を分かりやすく解説したマンガのリンクを送った。家庭内で恋人から暴力を振るわれている女性からSOSの声が届いた時は、弁護士の相談員が緊急対応した。

こうした対応や発信に合わせて、女性たちからも様々な画像がLINEで送られてきた。ホストやスカウトとのやりとりを記録したスクリーンショット、違約金の支払誓約書、役所から届いた赤い封筒、債権者からの督促状、玄関のドアに貼られた建物明渡（強制執行）の公示書、法律事務所からの内容証明郵便、裁判所から届いた訴状。いずれの画像も、彼女たちの切羽詰まった状況を、彼女たちの言葉以上に雄弁に物語っていた。

†全ての人が「当事者」になった世界

二〇二〇年は、全ての人が「当事者」になった一年だった。

新型コロナウイルス感染症の猛威により、経済・政治・医療が機能不全に陥り、社会全体が巨大な経済不安と健康不安に晒された。対面でのコミュニケーションや移動がままならなくなり、あらゆる領域の社会活動が停滞した結果、これまで解決が先送りにされてきた社会保障制度の欠陥や不備、正規雇用と非正規雇用との格差、女性と子どもの貧困、ジェンダー不平等などの社会課題が同時多発的に顕在化した。

コロナ禍の中で、会えない。話せない。働けない。稼げない。学べない。歌えない。集えない。治せない。触れ合えない。愛し合えない。立ち会えない。看取れない。全ての人が、程度の差はあれ、何らかの形で社会課題の当事者になった一年だったと言える。

全ての人が当事者になった結果、多くの人が、これまで「他人事」として見て見ぬふりをしてきた社会課題を、「自分事」として考えるようになった。その結果、他者に対する共感と連帯の意識が高まり、社会の中で理不尽な扱いを受けている人たちを守るため、声を上げる人が増加した。同時に、特定の集団や組織を、社会の敵（パブリック・エネミー）としてやり玉に挙げて叩く振る舞いも激化していった。

そうした流れの中で、二〇二〇年に最も世間の注目を集めた領域の一つが、夜の世界であった。新宿歌舞伎町をはじめ、キャバクラやホストクラブなどの接待を伴う飲食店、デリバリーヘルスやソープランドなどの性風俗店が集う歓楽街は、「夜の街」という言葉でカテゴライズされ、濃厚接触が蔓延している空間＝コロナの感染拡大の元凶であるとして名指しで非難され、世間から苛烈なバッシングを受けることになった。

こうした理不尽な扱いや風評被害に抗うべく、歓楽街で飲食店や水商売を営む事業者は、各地で団結して行動を起こした。独自の感染対策ガイドラインを作り、メディアを集めて記者会見を行い、国に対する要望を提出した。目の前の困難にただ振り回されるのではなく、困難を生み出している社会構造そのものに対する働きかけ＝ソーシャルアクションを起こすことによって、自分たちの生活と街を守ろうとした。

一方、同じ夜の世界の住人の中には、目の前の困難に立ち向かうことも、逃げることもできないまま、客の消えた店内や街角で、ただ立ちすくんでいる人たちがいた。性風俗の世界で生きる女性たちだ。

コロナ禍の中で収入と居場所を失った彼女たちは、自分の仕事や生活の窮状を誰にも話せないまま、そして同じ境遇の者同士で団結することも、自分たちの声を社会に向けて発信することもできないまま、人知れず追い詰められていった。

そうした中で動いたのは、これまで夜の世界の現場で動いてきた支援団体だった。私自身も風テラスを運営している立場から、コロナ禍で生活に困窮した女性たちへの相談支援や署名キャンペーン、政策提言やクラウドファンディングなどのソーシャルアクションを起こす役割を担うことになった。

†「これまで誰も見たことのない景色」から見えてきたもの

私はこれまで、性風俗をはじめとした夜の世界の現場を描いた書籍を刊行する際には、読者に対して、必ず「この世界の問題を「他人事」ではなく「自分事」として捉えてほしい」と訴えてきた。

しかし、コロナの影響で全ての人が「当事者」になり、「自分事」として考えられる範囲が飛躍的に広がった今、もはやそうしたお願いを繰り返す必要はないだろう。私が訴えるまでもなく、二〇二〇年を生きた多くの人にとって、夜の世界で起こっていることは、既に「自分事」になっているはずだ。

コロナ禍により、多くの個人が理不尽な理由で仕事を失い、多くの店舗や企業が理不尽な理由で閉店・破綻していく光景を見て、あなたも多かれ少なかれ、自己責任に基づく努力（自助）の限界を感じたはずだ。風評被害や自粛警察による取り締まりが蔓延する光景を見て、助け合い（共助）の限界も感じたはずだ。給付金や支援制度をめぐる対立と分断があちこちで勃発する光景を見て、公的支援（公助）の限界も感じたはずだ。

夜の世界は、公助からこぼれ落ちた人たちが、自助だけでは生きられない中で、お互いに助け合いながら、時には奪い合い、騙し合いながら築き上げてきた、いびつな共助の世界であると言える。幾多の不況や社会変動を乗り越えてきた夜の世界が、今回のコロナ禍によって、初めて止まった。

その結果、夜の世界には、努力（自助）も通じず、助け合い（共助）もできず、公的支援（公助）も失われた「これまで誰も見たことのない景色」が広がることになった。たまたま性風俗の世界で働く女性を支援するNPOにいたことで、私は、幸か不幸か「これまで誰も見たことのない景色」の中で、迷いながらも全力で動くことができた。そして、短期間で同時多発的にソーシャルアクションを起こしたことで、あらゆる助け合いが失われた世界の中で、新しい助け合いを再生していくための学びを得ることもできた。

二〇二〇年以降のコロナ禍は、人類が経験した未曽有の災害の一つとして、間違いなく後世の歴史に残るだろう。そうした歴史の変わり目の中で経験したことを記録し、次世代に伝えていきたい。そうした思いで、私は本書を書くことを決意した。

私がコロナ禍の夜の世界で垣間見た「これまで誰も見たことのない景色」、そして、その中で動き、悩み、考えたことの記録が、あなた自身がこれからの時代を生き延びるため、そしてアフターコロナの世界で、私たちが新しい自助・共助・公助を構想していくための一助になれば、これ以上の喜びはない。

＊文中に登場する相談事例は、プライバシー保護のため、個人・地域が特定できないように一部内容に変更を加えた上で掲載している。

第一章　LINEの通知が鳴りやまない――風テラスの百日戦争・前半戦

†「風」の止まった日

　最初に異変を感じたのは、二〇二〇年三月二十六日の木曜日だった。風テラスの相談者数は毎月おおむね六十〜八十名前後で推移しており、一日の相談者数が十人を超えることはまずなかったのだが、この日の相談者数は十三人。前日（三月二十五日）の相談者は四名だったので、一気に三倍超になった形だ。

　二〇二〇年に入ってから、風テラスに寄せられる相談者数は増え続けていた。二月の相談者数は百十名で、二〇一五年十月の相談開始以来、初めて一カ月の相談者数が百名を超えた。

一月十五日に国内で最初の感染者が確認されて以降、メディアでは新型コロナに関する報道が増え始めており、性風俗業界に対する影響もささやかれ始めていたが、毎年二月は性風俗業界にとっての閑散期＝一年間で最も客数が減る時期であったこともあり、閑散期とコロナによる風評被害が重なって相談者が増えたのだろう、しばらくすればコロナの騒ぎも収まり、相談者数も落ち着くに違いない、と楽観的に考えていた。

しかし、現実は真逆の方向に向かった。三月二十日、弁護士と医師のチームで池袋にある連携先のデリヘル店の待機部屋に行くと、女性たちの姿はほとんど見えなかった。お店のスタッフに話を聞くと、女性たちは、待機部屋での密集を避けて、事務所や待機部屋には来ずに、ホテルのロビーなどで待機しているとのことだった。待機部屋を巡回して、数少ない女性たちの相談を受け、マスクと感染予防に関するチラシを配布した。

世間でマスク不足が騒がれている中、大量にマスクを確保・持参してくださった医師の西岡誠さんは、相談終了後、次のような危機感を打ち明けた。

西岡「本日相談を横で伺っていて、コロナショックで大量のホームレス女子が出るんじゃないかとかなり危機感を募らせてます。二〇〇八年の年越し派遣村の再来ですね。日本は公的住宅政策が貧弱なので、収入が減るとホームレス状態まで一直線です。ただ今回は、感染防止のために、かつての派遣村みたいなことはできない。これは本当にまずい」

都内で新型コロナウイルスの感染者が急増している状況を受けて、三月二十五日の夜、東京都の小池百合子都知事は緊急会見を開いた。都民に対して週末（三月二十八～二十九日）の外出自粛を要請した上で、以降の平日に関しても、可能な限り在宅での勤務を行うよう推奨した。

この緊急会見によって東京都内での自粛ムードが一気に強まり、繁華街や性風俗店に通う男性が減った結果、二十六日の相談者数が急増したのだと思われる。

そして、自粛要請のなされた土日を過ぎた三十日（月曜日）を皮切りに、風テラスには全国の性風俗店で働く女性たちから、大量の相談が寄せられるようになった。三十日は十九名、三十一日は十五名、四月一日は二十三名、二日は二十六名、三日は三十六名と、相談者数は右肩上がりに増えていった。

†出口の見えない迷宮に迷い込む

風テラスでは、相談受付窓口として「公式サイト」「メール」「LINE」「LINE公式」「ツイッター」「インスタグラム」の六つを用意している。主に私が相談受付担当として、それぞれの窓口から寄せられた相談を整理して、内容に応じて情報提供や窓口の紹介を行ったり、必要に応じて風テラスの弁護士・ソーシャルワーカーの相談員につなぐ、という形で対応を行っていたのだが、一日の相談者数が三十名を超えると、朝から晩まで一日中、LINEやツイッターの通知が鳴りやまない状態になる。

一つの相談に対して返信しているうちに、次々に他の相談が入ってくる。LINE経由での相談依頼をようやく返信し終えたと思ったら、ツイッターのDMに大量の相談依頼が届く。それに対する返信をなんとか終えると、今度は再びLINEに大量の相談依頼が……という状態が延々と続く。

当然、相談対応以外の仕事は全くできない。早朝から深夜までひたすらLINEやメールを返信し続けるだけで一日が終わる。いや、返信し続けても、一日が終わっても、相談対応は一向に終わらない。出口の見えない迷宮に迷い込んだような気分になった。

そして、風テラスの相談会の実施回数は、毎月四回である。一回四時間の相談会で、一人につき一時間、合計四名の対面相談を行っている。一カ月に対応できる相談者数は多くても二十名弱なのだが、今は一日で二十名以上の相談者が押し寄せている状況だ。対応可能なキャパシティを大幅に超えている。これからどうすればいいのか……を落ち着いて考える間もなく、ＬＩＮＥやツイッターには、早朝から深夜まで、全国から大量の相談が押し寄せてくる。

そんな私の状況を見て、四月三日、風テラス立ち上げ当初から相談員として協力してくださっている浦崎寛泰弁護士より、メッセンジャーで連絡が入った。

浦崎弁護士「風テラスへの相談が殺到しているとお聞きしました。特にコロナによる生活困窮の相談が多数来ているのではないでしょうか。レギュラーの相談枠だけではとてもさばききれないのではと思います。遠慮せずに、うちの法人の佐藤さんにどんどん振ってもらえればと思います。時期柄、同行支援などは難しいかもしれませんが、電話やメールでの相談であれば、柔軟に対応できると思います。法律問題が絡めば、適宜、僕や三上さんもフォローしていく予定です。なんとかこの難局を乗り越えましょう！」

浦崎さんが代表を務める弁護士法人ソーシャルワーカーズには、三月から弁護士の三上早紀さん、四月から社会福祉士・精神保健福祉士の佐藤香奈子さんが入所していた。

三上さんは、二〇一五年に弁護士登録をした後、約三年間、島根県浜田市の法テラス法律事務所に赴任。弁護士の数が少ない地域におけるリーガルサービスの担い手として、債務整理や離婚・相続、刑事事件から高齢者・障害者の成年後見業務まで、幅広く様々な案件を担当してきた。

佐藤さんは、ソーシャルワーカー（SW）として病院や精神科デイケア、グループホームや就労継続支援B型事業所などでの勤務経験がある。なかでも保健センターでは、未治療・通院中断・ひきこもりなど、既存の社会資源では対応が困難な人たちに対して、精神科医・看護師・保健師・作業療法士等のチームでアウトリーチ型の支援を行う仕事に関わってきた。

三上弁護士「めっちゃ手が空いてますので、なんでも振ってください～」
佐藤SW「私も努めますのでよろしくお願いいたします！」

お二人から温かい言葉を頂き、「新型コロナ相談対応・東京チーム」として、三人で殺到する相談に対応していくための仕組みを整えていくことにした。

†初日から野戦病院状態に突入

コロナの影響で対面相談はもちろん、風テラスの相談室がある鶯谷への移動や外出自体が難しい状況だったので、オンラインでの相談対応ができないかどうかを検討した。

幸い、三上さん・佐藤さん共に業務用のＬＩＮＥを使うことができたので、それぞれご自宅もしくは事務所にいる状態で、相談者とＬＩＮＥグループを作り、グループ通話機能を使って相談を受けていくことにした。

オンライン相談をスタートさせた四月六日は、合計三十三名の女性から相談が寄せられた。そのうち、弁護士・ソーシャルワーカーによる回答が必要な相談や、緊急性の高い相談に対して、三上さんと佐藤さんのチームでＬＩＮＥ通話による対応を行った。

Ａさん「暴力を振るう親から逃げてホテル暮らしをしていたのですが、コロナの影響で収入が無くなり、所持金はあと数千円しかありません。保険証も住民票も何もないので、テレビでやっているコロナの給付金も受けられそうにありません。

ホテル代を払えないので、明日お客が入らなければ、ホテルを出なくてはいけないんです。緊急事態宣言が発出されたら、もう生きていけません」（三十代・デリヘル）

佐藤SW「状況が逼迫しているので、生活保護の受給申請をお勧めします。生活保護は、住民票がなくても、現在滞在している場所の役所で申請できます。

申請は午前中の早い時間であればあるほど望ましいので、この電話を切ったら、通帳や印鑑などの荷物を持って、すぐに役所に行ってください。役所の住所・地図はLINEで送ります。風俗のお仕事のことは正直に話しても大丈夫です。『路上脱出・生活SOSガイド（東京23区編）』*も一緒にLINEでお送りしますので、参考になさってください」

Bさん「コロナの影響で収入が一気に落ちてしまい、ここ数カ月の支払いができず、困っています。お店に出勤してもお茶（＝指名がつかず、収入がゼロ）の日が多く、日々の生活費を稼ぐので精一杯です。貯金も底を尽き、メルカリで売れる不要品も無くなりました。緊急小口資金も家族と同居しているため申請できませんでした。毎日のように督促の電話

がかかってきて精神的にも限界です。助けてください」（二十代・メンズエステ）
三上弁護士「借金の問題は後回しにしても死活問題にはなりません。ひとまず生活の立て直しを図ることを最優先で考えていきましょう。ただし、万が一裁判所から手紙が来たら、放置せずに再度風テラスに相談してください」
佐藤ＳＷ「確定申告をしても、風俗で働いていることが同居しているご家族にバレたりするおそれはありません。今年はコロナの影響で確定申告の申告期限が延びているので、これからでも申告可能です」

Ｃさん「コロナの影響で出勤することができず、心身の状態もすぐれない中、収入が無くなって生活に困っています。しかし、収入を証明できるものが何もなく、確定申告もしていないため、コロナ対策の給付金を申請することもできません。どうしたらよいでしょうか？」（三十代・ソープ）
三上弁護士「現時点で確定申告をしていない場合でも、コロナ関連の支援や給付金を受け

＊　https://bigissue.or.jp/wp-content/uploads/2019/07/tokyo_guide.pdf

る資格がない訳ではないので、大丈夫です。まずはお住まいの地域の社会福祉協議会で緊急小口資金や総合支援資金の申請をしてみてください。風テラスのツイッターでも、風俗で働く女性向けに緊急小口資金の申請方法を発信しています。ぜひ参考になさってください」

佐藤SW「もしコロナ関連の支援や給付金の申請がうまく行かず、手持ちのお金も尽きそうになったら、役所に生活保護の申請をしてください。生活保護を利用できれば、原則治療のお金はかからないので、病気を治して体調を整えることに専念できます」

初日から、相談現場はさながら野戦病院のような状態になった。都内で自粛ムードが強まってからわずか一週間で、性風俗の世界は、生きていくために必要なお金、仕事、人間関係、住む場所、食べるものを失った女性で溢れかえることになった。

現金日払いの収入に頼る暮らしをしていたために、ほんの数日出勤できなくなっただけで、瞬く間に家計と生活が破綻してしまう。

また相談予約を入れたものの、うつ病をはじめとする体調不良のために予約の時間に起きることができず、翌日以降に改めて相談を受けることになった女性が、この日だけでも複数名いた。うつ病などの理由で一般の仕事に就けず、完全自由出勤の性風俗で働くことでどうにか生活費を得ていた女性たちも、コロナの影響で一気に困窮状態に追いやられたことが伺えた。

どうにか初日の相談対応を終えた後、東京をはじめとした七都府県に緊急事態宣言が発出される、というニュースが飛び込んできた。これによって営業の自粛や休業を選ぶ性風俗店が増え、ますます相談が殺到するのでは……という予感が頭をよぎった。

†緊急事態宣言下、さらに相談が殺到

緊急事態宣言が発出された四月七日は、前日を上回る四十二名から相談が入った。

Dさん「家賃をもう二カ月も滞納しています。保証会社からの催促も強くなっており、追い出されるのではないかと不安です。稼ぎたくても、コロナのせいで、面接すらしてもらえない状況です」(三十代・デリヘル)

三上弁護士「家賃を滞納しているからといって、保証会社が勝手に家の鍵を変えたり、荷物を外に出したりすることは、原則としてできません。ですので、明日いきなり部屋から

オンライン相談会の風景

追い出されるということは考えにくいので、安心してください。
保証会社には、家賃の支払いはできないことをひとまず伝えてください。家賃滞納が長引くと裁判を起こされるかもしれませんので、裁判所から手紙がきたら、再度相談してください。ただし、裁判になっても、実際に部屋から出ていかざるを得ない状況になるまでには時間がかかるので、その間に転居先を探すこともできます」

Eさん「以前は精神科に通っていたのですが、今は通えていません。メンタルの調子が悪く、まともに働くことが難しいです。無理をしてお店に出勤する日数を増やしてはいますが、コロナの影響で稼げそうになく、とても不安です。借金があるから、生活保護は受けられません。どうしたらよいですか」

（二十代・デリヘル）

佐藤SW「体調が優れないとのこと、お辛い日々だと思います。東京では今日から緊急事態宣言が出たので、この先、今のお仕事で収入を確保するのは厳しいかもしれません。

「出勤を増やして稼ごう」というお考えはとても立派だと思いますが、客観的に見ると、今の状況は、出勤を増やしてなんとかできるレベルではないと思います。

借金があっても、風俗で働いていても、生活保護は受けられます。生活保護を受けることができれば、お金の心配をすることなく病院に通って治療を受けることもできます。今は無理して働くよりも、収入の心配をせずにしっかりと療養することが最優先ではないでしょうか。どうか、勇気を出して生活保護の申請に行ってください」

所持金がなく、性風俗の仕事でも稼げない上に、頼れる身内もおらず、心身の状態も悪いという相談者に対する提案は、生活保護一択にならざるをえない。

しかし、心身の状態がすぐれず、対人コミュニケーションに困難を抱えている女性の場合、そもそも一人で申請窓口に行くことができないことも多い。勇気を出して窓口に行っても、現在自分が置かれている状況をうまく説明できず、申請ができないこともある。弁護士や支援団体が役所への申請に同行するという選択肢もあるが、コロナの影響で難しい。

結果として、LINE通話で情報提供をした後に、一人で申請窓口に向かってもらうことになる。コロナの影響で役所の対応時間も変わっているかもしれない。水際作戦で追い返されてしまうかもしれない。役所内は、同じように生活保護の申請を希望する人たちが密集している状態＝感染リスクの高い環境になっているかもしれない。それでも、生きるためには、一人で頑張ってもらうしかない。

そんな不安を抱きながら、相談員は祈るような気持ちで「役所の窓口では、生活保護の「相談」ではなく「申請」に来ました、と必ず伝えてください」というアドバイスを、何度もLINE越しに繰り返した。

†月収が八十万円からゼロ円へ

前例のない人数の相談が殺到する中、チームで協議の上、相談の優先順位基準を定めた「トリアージ」を作成することにした。早朝から深夜までひっきりなしに寄せられる相談を、トリアージの基準に従って整理し、簡単な情報提供で解決する相談に対してはメール・LINEで返信を行い、様々な課題が複合化した相談（多重債務・離婚・DV・家族問題・障害など）については、緊急度の高い順にLINE通話相談につなぐ形にした。

Fさん「ショッピング、キャッシング含めて、カード会社に五百万円ほど借金があります。

明日までに二十万円、月末までに十二万円の家賃と、三つの会社にそれぞれ三十万円ずつ支払う必要があります。

これまでは毎月八十万近く稼ぐことができていたので問題なく返済できていたのですが、コロナの影響で収入が無くなり、返済ができなくなりました。手元にあるお金も数千円程度です。カードが止められたら、生活ができません。どうすればいいでしょうか」（二十代・ソープ）

三上弁護士「支払いに優先順位をつけるしかないと思います。家賃を優先して支払いましょう。クレジットカードの返済は、一部しか返済できなくても、指定の日に返済が間に合わなくても、後から対処することが可能です。返済が滞るとブラックリストに載る可能性もありますが、やむをえないでしょう。

コロナによる収入減が長引き、クレジットカードの返済が難しくなった場合、自己破産を始めとする債務整理も検討した方がよいと思います。債務整理をしたとしても人生が終わる訳ではないので、自暴自棄になったりせず、再度風テラスに相談してください」

都内で月十数万円の家賃の部屋に住み、毎月五十万円もの返済を続けることは、大多数の二十代の単身女性にとってはまず不可能だが、性風俗の仕事で毎月百万近い収入を得ている二十代の単身女性にとっては、ごく「当たり前」のことである。しかし、その「当たり前」がコロナの影響で一気に崩壊した。

自己破産や任意整理などの債務整理をすれば、借金はきちんと整理することができる。しかし、仮に整理したところで、これまでの「当たり前」を見直し、一般的な収入の範囲で生活することができなければ、また同じように借金をしては滞納する日々を繰り返す羽目になってしまう。

債務整理をするためにも、性風俗での現金日払いの収入に頼る生活やお金の使い方を見直して、収入の範囲で計画的に暮らすことができるようにならないといけない。しかし、明日の食費にも困っている人に対して、そこまでの要求をすることは、当然だが難しい。最低限の情報を確実に届けることで精一杯だ。

三上さんは、「少なくともここ一~二カ月の支払いについては、債権者との交渉でなんとかなる可能性が高いので、焦って今すぐ債務整理に着手する必要性は低い」「もし今後、収入が上向く可能性がなくなり、債権者も返済猶予や一部返済に応じてくれない状況になってしまったら、その時点で任意整理や自己破産を検討してもよい」など、弁護士の視点から相談者の置かれている状況を冷静に判断し、的確なアドバイスを届けていった。

オンライン相談では、連絡が途切れ途切れになる人や、既読がついているのに連絡が取れない人も多く、やきもきすることも多かった。どうにかＬＩＮＥ通話でつながったもののうまくコミュニケーションが取れず、「路上脱出・生活ＳＯＳガイド」だけを送って相談終了となることもあった。

そんな中、前日に相談を受けたホテル暮らしのＡさん（三十代・デリヘル）から、「役所に生活保護の申請をしたところ、無事に申請が受理され、施設の部屋に入れました」との報告がＬＩＮＥで入った。

三上弁護士「おおおお！　良かったですねぇ！　こういうのは本当に心から励みになります！」

佐藤ＳＷ「本当に良かった……」

相談者からのお礼の報告は、野戦病院状態の相談現場において、ひとときの安らぎになった。

†複合化した不安の中で、身動きが取れなくなる

感染者数が目まぐるしく変化する状況の中、政府はコロナの影響で窮地に追いやられた個人や事業者を支援するための給付金や支援制度の拡充を行うことを発表した。

しかし、具体的な内容や実施の時期までは明言されなかったため、「いつ、どこで、何をすればもらえるのか」「自分はもらえるのか」という不安に襲われる人が続出した。給付金の金額や対象など、一度決まりかけた内容が、メディアやネット上での批判の高まりによって撤回されることもあった。二転三転する政府の方針に、相談をする側・受ける側の双方が振り回されることになる。

コロナ関連の給付金や貸付は、基本的には世帯単位で、かつ住民票のある自治体で申請することが原則になっている。世帯主＝親や夫に内緒で性風俗の仕事をしている女性にとっては、かなり使いにくい。「同居している親の扶養に入っており、確定申告もしていないのだけれども、コロナの給付金は受け取れるのか」という相談も多数寄せられた。

親の扶養に入っている状態で、仮に確定申告が必要なレベルの収入があった場合でも、修正申告をすれば問題ない。取られる税金もそこまで大きくはないし、本来は払うべきで

あったものを払うだけである。

しかし、性風俗で働く女性の中には、「確定申告をしてしまうと、追徴課税で膨大な額の税金を取られるのでは」という不安に囚われている人が少なくない。「給付金や貸付の申請によって、これまでの税金の無申告や年金の未納がバレてしまうのでは」と考えて、申請自体を諦めてしまうこともある。

また親の虐待や元夫のＤＶ、借金の催促から逃げている女性もいる。「親や元夫、債権者に現住所を突き止められてしまうのでは」という不安から、どれだけ給付金や支援の間口が広がっても申請できない・したくない、という人も少なくなかった。

†ツイッターのフォロワーが一気に千人以上増加

四月十日の相談者数は、過去最高の六十四名。これまでの一カ月分の相談者が一日で押し寄せるような状況だった。全国各地の社会福祉協議会＝緊急小口資金・総合支援資金の窓口にも申請が殺到しており、予約段階で一～二カ月待ち、という自治体も出てきているようだった。そのため、相談者の所持金が底を尽きかけている場合は、緊急小口資金・総合支援資金の情報とセットで生活保護の申請方法も伝えておく形にした。

相談が殺到する中、風テラスのツイッターのフォロワーは一気に千人以上増加し、五千人を超えた。錯綜する情報の中で、少しでも正しい情報を得たい、という思いがフォロワー増の背景に垣間見えた。発信力が上がったことを最大限に活かすべく、各種給付金や支援制度の申請方法をまとめた記事など、働く女性にとって役立ちそうな情報やニュースを随時発信していくことにした。

ツイッターや公式サイトの記事で、「風俗で働いていても、生活保護は受給することができます。住民票がなくても、現在滞在している場所にある役所で申請することができます。確定申告をしていなくても、借金があっても、それを理由に生活保護の受給を断られることはありません」と繰り返しアナウンスした。

緊急事態宣言以降、出稼ぎ先でのトラブルに関する相談が急増した。首都圏で稼げなくなったため、地方に出稼ぎに行ったものの、スカウトやお店とトラブルになって保証金をもらえなかったり、出稼ぎ先で所持金が尽きてしまった……という相談も頻繁に寄せられた。

「過去にスカウトやホスト、元恋人に貸した金を回収して、生活費に充てたい」という女性もいた。回収や訴訟の手間を考えると、当然だが全く現実的ではない。しかし、出勤も出稼ぎもできなくなっている状況で、もはやそれ以外にお金を得る手段が何も思いつかない……という苦境に立たされていることが、痛いほど伝わってきた。

†必要なのは「安心して泣くことのできる場所」

前述の通り、風テラスでは弁護士とソーシャルワーカーのチーム（二人一組）で相談を受けている。緊急事態宣言下の相談では、三上さんと佐藤さんが、毎朝その日の相談方針を事前にオンラインで話し合うミーティングを行っていた。

その中で、相談員のアドバイスによってうまく問題が解決した事例、あるいはうまくいかなかった事例に関して、双方が話し合う機会も増えた。

三上弁護士「弁護士のアドバイスって、こっちが「これは良いこと言った〜！」と思ったポイントは特に響かず、その手前でポロッと発言したことが相談者の方にとっての支えになったりするんですよね。

普段あまり自分の法律相談のフィードバックを受ける機会がないので、佐藤さんから客観的に振り返りをしてもらえるのもすごく新鮮で、勉強になります。

ちなみに、私はいつも佐藤さんの「大変だったね、相談してくれてありがとうね」という心からの発言が、相談者から「相談してよかった、怖くなかった」という気持ちを引き出し、その後の私からの法律に関する込み入ったアドバイスが伝わりやすくなっていると感じています」

佐藤SW「ありがとうございます。私も毎日勉強になっています！」

相談者の女性に対して、風テラスの相談員は、具体的な回答や助言に入る前に、まず「お辛い状況の中、相談してくださりありがとうございます」と、感謝の気持ちを伝えることにしている。

性風俗で働く女性たちは、生活困窮や性暴力被害に遭った場合に「自己責任」「自業自得」という言葉でバッシングを受けがちだが、自己責任論を最も内面化しているのは、他でもない彼女たち自身である。「自分が悪いから仕方がない」「自分が一生懸命頑張れば、それだけで問題は解決できるはず」「自分の力だけでなんとかしなくてはいけない」という言葉を、日々自分自身に言い聞かせている女性も少なくない。

自分だけの力＝自助だけでなんとかしたいが、これ以上、もう一人では頑張れない——。

そんな状況に追い込まれた女性たちが、風テラスの相談窓口にたどり着く。「自分が悪いから仕方がない」「自分が一生懸命頑張れば、それだけで問題は解決できるはず」という思いを捨てきれないまま、スマホの向こう側にいる相談員に、現在の気持ちや悩みを吐露するのだ。

「困った時に相談する」ということは、誰にでもできることではない。悩みが深刻になればなるほど、相談しづらくなる。「自分が悪いから仕方がない」「怒られたらどうしよう」という気持ちを押し殺して、他人に自分の悩みを打ち明けて、助けを求めることは、大きなストレスを伴う。

そうしたハードルを乗り越えて相談してくれたことへの感謝を伝えた後、相談者に対して「ずっとお一人で頑張ってこられて、本当に大変でしたね」「お子さんやご家族のために、一生懸命働いてこられたんですね」と、これまでの頑張りを労う言葉をかける。決して説教や否定をせずに、これまでの選択や行動をジャッジせずに、ただ労いの言葉を重ねる。

すると彼女たちは、異口同音に「誰にも言えなかった」と言って、涙を流すのだ。これまで押し殺していた気持ちが一気にあふれ出して、嗚咽が止まらなくなる。

号泣する女性に対して、相談員は「誰にも言えなかったんですね」「そうした中で、よくお一人で頑張ってこられましたね」と、労いの言葉を繰り返す。場合によっては、号泣する相談者に対して、相談員が感謝と労いの言葉をかけ続けるだけで相談時間が終わることもある。

どんなに辛い状況に追い込まれていても、泣くことすらできない女性はたくさんいる。泣くことを自分に許していない女性も、たくさんいる。

そうした女性たちにとって必要なのは、「安心して泣くことのできる場所」だ。「法律相談」や「問題解決」の前に、性風俗で働いていることを隠さずに、そして自分の気持ちに嘘をつかずに話せる場所があれば、彼女たちの抱える孤独を、ほんの少しでもやわらげることができるのではないだろうか。

†申請に立ちはだかる「不安の壁」

コロナ禍においては、前述の通り、多くの女性たちが、「性風俗で働いていることを正直に伝えたら、給付金や支援を受けられないのでは」「これまでの無申告がバレて、追徴課税を受けるのでは」「給付金を受け取ったことにより、今の仕事が周囲にバレてしまうのでは」という不安に囚われて、身動きがとれなくなった。

しかし、実際に役所の窓口に申請に行った女性たちからは、「性風俗で働いていることが理由で申請を断られた」「貸付の審査で落ちた」といった話は、ほとんど聞かれなかった。

本人は「性風俗で働いていることは、誰にも言えない」「言ったら確実に怒られる」と考えているが、窓口の担当者は、毎日のように水商売や性風俗などの夜の仕事に関わる人からの生活困窮相談や各種制度の申請を受けている。そのため、あっさりと「そうなんですね」「大変でしたね」とだけ言われて、それ以上何も聞かれずに申請手続きが完了する、ということも多い。

緊急小口資金の借り入れの際に、受付先の社会福祉協議会で「性風俗の仕事だから、あなたが申告した収入の金額に嘘があってもこちらはわからない」と言われて嫌な思いをした、生活保護のケースワーカーから「一度生活保護を外れたら、もう一度受給することはできない」という明らかに間違った情報を伝えられたなど、個々の職員や支援者から問題のある対応をされた、という報告はいくつかあった。

しかし、性風俗の仕事をしていること自体が理由で給付金や支援を受けられなかった、というような話は、ほとんど聞かれなかった。「書類の準備や記入など、役所の手続きがものすごく苦手で、これまで支援者の方に同行をお願いしていたのですが、その方には風俗で働いていることを言っていないため、もし申請の際に仕事のことも話さなければいけないのであれば、同行を頼むことはできません」「弁護士に自己破産を依頼しているのですが、風俗で働いていることを言えていないので、うまく仕事や収入のことを説明できず、手続きがなかなか進みません」など、「性風俗で働いていることを言ったために不利益を受けた」というよりも、「そもそも性風俗で働いていることを言えない」という相談の方が圧倒的に多かった。

世間の人が性風俗で働く女性に対して抱いている固定観念を「世間の壁」とするならば、性風俗で働く女性が世間の人に対して抱いている固定観念は「不安の壁」だと言える。この二つの壁を壊さない限り、女性を支援につなげることは難しい。

†自分が誰なのか、どこにいるのかを証明できない

性風俗で働く女性の中には、住所不定状態の人が少なくない。お店の寮、友人宅、ネットカフェ、マンスリーマンション、ホテル暮らし、シェアハウス、事務所の待機部屋、恋

人あるいは元恋人名義の部屋、お店のスタッフが住んでいるマンションの一室など、その時々の勤務先や人間関係によって、住所が流動的に変化する。郵便物も受け取りづらく、そもそも住民票がどこにあるのか分からない人もいる。収入証明はもちろん、身分を証明できるものが手元に何もない。結果として、「こんな状態では給付金なんて受けられない」と思い込んでしまう。

住まいが不安定な背景には、親との関係も影響している。「親も障害を抱えて生活保護を受給しているので、これ以上頼れない」という女性もいれば、「そもそも親の暴力や虐待から逃げるために性風俗の仕事を選んだ」という女性もいる。

住まいだけでなく、お金に関しても、不透明な状態に置かれている。毎月の収支がどれくらいなのか、借金の金額がどれくらいなのか、どこからいくら借りているのかも分からない。身に覚えのない債権回収会社から督促通知が届く。役所やカード会社、裁判所から封書が届いても、怖くて開けられない……。

自分の置かれている状態を、自分でも理解・把握できていない。結果として、生活に困った場合でも、困りごとを説明できず、各種給付金や支援制度の申請もできない。

こうした「まず何をどうすればいいのか分からない」「何が不安なのか分からないこと

が不安」という女性に対しては、すぐに情報提供やアドバイスをするのではなく、まず本人の不安な気持ちをいったん受け止めて、批判や評価をせずに話を聴くこと＝共感的傾聴を重視して対応を行った。

不安に丁寧に耳を傾け、「今は明快な解決策は提示できないが、使える制度は活用しつつ、まずは生き延びましょう。緊急小口資金でも生活保護でも、使える制度を最大限活用してとにかく当座を乗り切って、その後で、色々な問題を一つずつ、一緒に解決していきましょう」と伝えて、少しでも前向きな希望を持ってもらうことを目的にして、日々の相談対応に当たっていった。

†法テラスが止まった！

緊急事態宣言が発令されてしばらくすると、「地元の法テラスが閉まっていて、相談できない」という声が届くようになった。

法テラスは、日本司法支援センターの通称で、二〇二〇年三月三十一日現在、全国に百十の事務所がある。法的問題の解決に役立つ制度や窓口についての情報提供をはじめ、経済的に余裕がない人に向けた無料法律相談も行っている。ちなみに「風テラス」という名称は、性風俗の「風」と、法テラスの「テラス」からとったネーミングである。

四月上旬の時点で、風テラス相談員の弁護士からも、「地元の法テラスが止まった」という情報は届いていた。法テラスでの相談は当時対面が原則だったため、コロナの影響によって、全国の法テラス地方事務所での相談が中止になっていた。

東京の風テラスに東北や北関東などの遠方から相談が入った際、債務整理などで弁護士への依頼が必要な場合は、まず地元の法テラスに行くようにアドバイスするのだが、法テラスが相談をストップしている場合、風テラスの弁護士が受けるしかない。しかし、債務整理の相談は対面で受けることが原則とされているので、オンラインだけでは対応が難しい。こうしたジレンマの中で、風テラスの弁護士も迷いながら相談を受けることになった。

法テラスに相談できなかった方は、風テラスでお受けします……とツイッターで告知することも考えたが、安易に告知すると風テラスに相談が殺到してパンクしてしまう恐れがある。どうすればよいか、浦崎さんと話し合った。

浦崎弁護士「法テラスも含めて、各地の弁護士の相談窓口が閉所を余儀なくされて、相談窓口が激減しているのが今の状況です。他方で、地域によっては地元の弁護士会で臨時の電話相談窓口等を立ち上げたりしているところもあるようです。日弁連では特設サイトを設けて各地の情報をアップしています。

まだまだ数は少なく、どうしても事業者の相談が中心の部分もありますが、確かに風テラスだけではパンクしてしまうので、当面はこうしたサイトを紹介して、そこに掲載されている相談窓口を利用して頂くほかないと思います」

ひとまず、「法テラスは止まっているみたいですが、風テラスは止まらずに頑張ります！」とツイッターでつぶやくにとどめることにした。

緊急事態宣言下では、法テラスに限らず、多くの支援団体や窓口が活動の中止や縮小を余儀なくされた。対面相談も同行支援もできず、オンラインだけでなんとかつながるしかない状況が続いた。

ただ、所持金がほとんどない人やネットカフェ暮らしの人であっても、たいていスマホは持っているし、ＬＩＮＥも使える。料金未払いで携帯が止められていても、街中に飛んでいるWi-Fiを使って、ＬＩＮＥ通話で相談員とやり取りすることができる。

形式や前例にとらわれず、手元にある資源で何ができるかを考えれば、緊急事態宣言下であっても、相談や支援を継続することは十分に可能だ。なお法テラスは、五月一日になってようやく、五月中に電話やオンラインを活用した法律相談を再開することを発表した。

†号泣する相談者に、生活保護をひたすら勧める毎日

四月の中旬に入ると、特別定額給付金や緊急小口資金、住居確保給付金や持続化給付金など、貸付や給付金についての相談が殺到するようになった。

特に緊急小口資金に関しては、全国の社会福祉協議会の受付窓口に申請者が押し寄せており、地域によっては、電話で予約をとっても一〜二カ月先の日程を案内される状況だった。

緊急小口資金は迅速な支給が難しい上に、貸付上限は二十万円である。短期的なつなぎの資金（しかも貸付）にすぎず、せいぜい今月、来月のしのぎにしかならない。コロナで大打撃を受けた仕事や生活が、二カ月後に好転する見込みも乏しい。結果的に、緊急小口資金に関する情報提供と並行して、生活保護の申請を勧めるケースが圧倒的に多くなった。

生活保護については、制度の内容が十分に知られておらず、手持ちが数百〜数千円しかない切羽詰まった状況でも、「今の自分の状況が生活保護をもらえるレベルだとは思わな

かった」「私のような人間は国に助けを求める資格はないと思っていました」と語る女性も少なくなかった。

また「家族がいるとダメだと思っていた」「病院のお金も出るとは知らなかった」「家賃の援助があるとは知らなかった」「生活保護を利用したらクレジットカードが使えなくなると思っていた」と答える人も多く、生活保護に関する誤解や偏見が利用の妨げになっていることが改めて浮き彫りになった。

一方で、既に生活保護の窓口に相談していたが、現在の家賃が住宅扶助の上限金額と比較して高すぎたり、周囲に「生活保護だけはやめてくれ」と懇願されたり、親族に扶養照会をされたくないといった理由で、申請を諦めてしまった人もいた。さらに、過去に生活保護の利用経験があり、その時の経験から「もう二度と利用したくない」と考えている人もいた。

日々のオンライン相談では、「生活保護に対して誤解や偏見を抱いている人」「申請する前に諦めた人」「窓口に相談してダメだった人」「もう二度と利用したくないと考えている人」からの相談を受けて、改めて事情を整理し、現在の状況で生活保護を利用するメリットを伝えた上で、生活保護の窓口に再度申請に行くように促す、という対応をひたすら繰り返した。

三上弁護士「今はコロナの影響で生活保護の申請が殺到しており、申請受付のハードルも低くなっています。もし万が一、申請が断られるようなことがあれば、「弁護士に相談するので、申請が受け付けられない理由を教えてください」と伝えて、申請拒否の理由を聞き取ってください。

場合によっては、日弁連が実施する法律援助事業を利用して、弁護士が申請に同行して、直接役所の担当者と交渉することもできます。

債務についても、生活保護を利用している間は法テラスの支払いも猶予や免除になるので、弁護士費用や裁判所での手続費用の心配をせずに債務整理を進めることができますよ」

相談の途中で、あるいは相談開始直後から泣き出す女性もたくさんいた。生活保護の利用を勧められる方も辛いが、勧める方も辛い。弁護士とソーシャルワーカーがチームになって解説・推奨・説得しないと、申請に踏み出すことすらできない。こんなにもつながりづらい制度、つながりづらいと思いこまれている制度とは、一体何なのか。疑問を抱えながらも、スマホの向こう側で涙を流している女性たちに、労いと励ましの言葉を送り続けた。

†人員面・資金面で限界が近づく

佐藤SW「本日のご相談、三人とも「誰にも相談できなかった」と言って泣き出す方ばかりで、三上弁護士と一緒に励ましながら、ひたすら生活保護の利用を勧める展開でした」

坂爪「本日も長時間、ありがとうございました。特に生活保護に関しては、ただLINEやメールで『役所に行って申請してください』と伝えても、大半の方は九九％動かない・動けないので、やはり弁護士とSWが非審判的態度で共感的傾聴をしながら現状を聞き取り、ご本人の不安点や疑問点を一つずつ解消しながら、グッと背中を押すことで、はじめて行動に踏み出せるのかなと思いました。

　重たい相談続きで恐縮ですが、三上さんと佐藤さんのおかげで助かる方や救われる方、全国にたくさんおられると思いますので、引き続きよろしくお願いいたします！」

三上弁護士「嬉しい励ましをありがとうございます！　が！　しかし！　この状況で一番

スーパーマン的な働きをしているのは、他ならぬ坂爪さん貴方であることは間違いありません！

相談対応は知らず知らずにメンタルを削られますし、くれぐれも無理しすぎることだけはないように、よく寝、よく食べ、健康なメンタルを維持するように心がけてくださいね。今日も一日お疲れ様でしたー！」

佐藤SW「本当に。坂爪さんが最前線で対応してくださっている上でご相談を受けているのですものね。免疫力をとにかく下げないように睡眠、食事を摂ってくださいね。お疲れ様でした」


気が付けば、相談者数が急増した三月末から一日も休みなく、連日朝から深夜二時まで相談対応をし続けている状況になっていた。一日の相談者数が六十人を超えると、その日の相談記録をまとめるだけで二時間近くかかる。記録をまとめている間にも、ひっきりなしにスマホにLINEやツイッターの通知が来る。同じような源氏名の女性（「みあ」「みい」「みう」「みお」「みな」など）からの相談が多数寄せられると、知覚が混乱してくる。LINE名・ツイッターのアカウント名・源氏名・実名が全てバラバラの女性も多く、予約漏れや時間の取り違えをしないように、神経を使う。またLINEの「友だち」が千名を超える中、絵文字や記号の羅列、特殊なフォントや顔文字を多用した読みづらい（読めない）アカウント名については、検索自体が困難になることもあった。

気力と体力だけはあったが、終わりの全く見えないコロナ禍が続く中、このまま日々殺到する相談を受け続けることはできるのか、という不安はあった。

そして風テラスはボランティア団体ではない。弁護士とソーシャルワーカーの相談員にはきちんと謝礼を支払って、全ての相談を「仕事」として受けて頂いている。

一日で一カ月分の相談が寄せられるようになったということは、単純計算すると、一日で一カ月分の人件費が飛んでいく、ということになる。今のペースで相談が殺到すれば、あと一〜二カ月で資金が尽きてしまう。殺到する相談に対応しきれないまま、資金が無くなってパンクしてしまう……という最悪のシナリオが頭に浮かんだ。

そんな私の不安を察してか、風テラスの立ち上げ当初から相談員として協力してくださっている弁護士の徳田玲亜さんがメッセージをくださった。

徳田弁護士「幸か不幸か裁判が五月まで全部なくなったので、余力ができました。相談に入った方が良ければ入れます。資金との関係があるなら、そこは相談しましょう。

三上さんと佐藤さんだけが連日相談を受け続けるというのは、お二人のメンタルヘルスにも関わります。こういう時こそ、みんなで頑張りましょう。生活保護の同行申請は、弁護士が対応すれば、弁護士報酬は日弁連から出ます。やれることをやりましょう‼」

徳田さんからの申し出は、涙が出るほど嬉しかった。ただ、相談員の善意に頼り続けるわけにもいかない。コロナ禍の相談現場は、個人の善意や頑張りでどうにかなるレベルをはるかに超えている。二〇一五年から続けてきた風テラス、五年目にして最大の危機を迎えた。

†#すべての親子を置き去りにしない

そんな中、以前より交流のあった認定NPO法人フローレンス代表理事の駒崎弘樹さんよりメッセンジャーで連絡が届いた。

駒崎「時に、コロナ対応って何か動かれていらっしゃいますか？」

坂爪「今のところは、風テラスで全国からコロナの影響で収入が減った・仕事を失った女性からの相談を日々受けている、という状況になります！」
駒崎「こういうリソースがあれば、もっと相談に乗れる、とかありますか？」
坂爪「寄付金が毎月もう三十〜五十万円あれば、フルタイムで弁護士&ソーシャルワーカーの相談員に相談対応をしてもらえるので、毎月五百〜六百名程度の相談者に対応できると思います。現状は寄付金が毎月二十万程度なので、百五十〜二百名の対応が限度な状況です」
駒崎「なるほどなるほど」

駒崎さんに現在の状況を伝えてから数日後、フローレンスとのメッセンジャーグループへの招待が届いた。メッセージを読んで、思わず「おおおおおっ！」と絶叫した。

「新型コロナこども緊急支援プロジェクトでひとり親支援を担当しておりますフローレンス松井と申します。以後よろしくお願いいたします。
是非、弊会より取り急ぎ六十万円（四月三十万円・五月三十万円）を支援させて頂き、風テラスさんがフルタイムで相談員による相談対応を行える体制づくりにお役立て頂けたらと存じます。

よろしければ、風テラスさんで実施なさっている具体的な支援や、弊会からどのようにご支援を進めさせて頂くべきかなどをお伺いしたく、オンラインでお打ち合わせの機会を頂けませんでしょうか」

フローレンス「#すべての親子を置き去りにしない」

まさに天の助け、地獄で仏に会ったような気分になった。協議の結果、フローレンスが立ち上げた「経済困窮家庭」「ひとり親家庭」「医療的ケア児者家庭」に支援を届ける「新型コロナこども緊急支援プロジェクト（#すべての親子を置き去りにしない）」からご支援を頂けることになった。

新型コロナの影響で経済的に困窮する親子に対して適切な支援を届けること、そして親子が社会的に孤立しないようにサポートをすること。この二つの目標を達成するために、フローレンス×風テラス共同でプレスリリース「生活困窮世帯が多い風俗業界の相談受付を強化し必要な支援へ繋ぐ：フローレンスと「風テラス」が協働で実施　#すべての親子を置き去りにしない」を配信した。配信後、すぐにテレビ局などの大手メディアから取材依頼が届き、フローレンスの組織力と広報力の高さに圧倒された。

新型コロナこども緊急支援プロジェクトからの支援のおかげで、緊急事態宣言下の相談が殺到する時期を、どうにか乗り越えることができた。最終的に、支援を受けた四～六月の三カ月間で、延べ千四百九十三人の相談対応をすることができた。

そして改めて、資金調達と組織の重要性を痛感する機会になった。どれだけきれいごとを言っても、良いことをしているつもりでも、SNSでバズったとしても、財源がなければ、組織の力がなければ、誰も救えない。社会も変えられない。

コロナ禍で絶体絶命の状況にあった性風俗の世界のシングルマザーたち、そして殺到する相談と資金不足でパンク寸前だった風テラスに、最も早い段階で具体的かつ有効な支援を申し出てくださったのは、他の誰でもなく、「#すべての親子を置き去りにしない」というミッションを掲げたNPOだったことを明記しておきたい。

第二章

崖っぷちの性風俗——風テラスの百日戦争・後半戦

†精神疾患を抱えながら働く女性の不安に寄り添う

緊急事態宣言下の相談では、毎日のようにパニック障害、うつ病、発達障害など精神疾患のある女性からの相談が多数寄せられた。OD（過量服薬）で救急搬送された経験や精神科への入院歴があり、医師から「働ける状態ではない」と言われているにもかかわらず、無理をして何年も風俗で働き続けている女性もいた。

彼女たちは、十〜二十年間の職歴の空白があるため、昼職に就くことが難しい。障害年金をもらい、心療内科や精神科に通院しながら、短い時間風俗で働いてギリギリの生活をしていたが、コロナでどうしようもなくなってしまった……という相談も多数寄せられた。

Gさん「短時間で効率よく稼げて、ストレスもあまりないこの業界で働くことに魅力を感じています。この仕事をずっと続けることはできませんが、昼職にも戻りたくありません。今後、自分がどうしていけばよいか分かりません。誰にも相談できず、一人で悶々としています」（三十代・デリヘル）

Hさん「貯蓄が減っていること、仕事が決まらないこと、保険料や年金などの支払いが滞っていることなどが不安です。貯金の残高も分かりません。でも、何から手をつければいいのか、何をすればいいのか分かりません。不安で悩みすぎて、帯状疱疹になってしまいました。自分よりもっと過酷な状況にいる女性の方もたくさんいると思うので、我慢しなくてはいけないのですが……」（二十代・デリヘル）

Iさん「あと一カ月ひきこもれる程度しか、貯金がありません。これからどうするべきか、調べたり、考えたり、行動することも辛いです。このまま死にたいけれど、それもできない。自宅のマンションから飛び降りようとしたけれど、怖くて飛び降りられませんでした。そんな時、ネットの記事で風テラスを知り、思わず連絡しました」（三十代・デリヘル）

こうした相談に対して、精神保健福祉士の資格を持っている佐藤さんが、丁寧に一人一人の相談者の気持ちに寄り添い、励ましながら、対応していった。

「先週は過食してしまったので、これ以上ご飯を食べるのは怖い」とすすり泣きながら訴える摂食障害の女性に対しては、「ご飯は無理して食べなくて良いので、水分だけはとっておいてくださいね」と優しく伝えた。

また精神障害者保健福祉手帳を持っていない人に対して、手帳の取得を勧める場面もあった。手帳があれば障害者雇用枠での就労ができるので、性風俗以外の仕事を始める一つのきっかけになる。

日々殺到する相談に対応しながら、「パニック障害や精神疾患を抱えながら性風俗で働いている女性が、こんなにも大勢いたのか」と、改めて驚かされた。同時に、これだけの人数の精神疾患の女性が働いていながら、精神保健福祉士をはじめとした福祉・医療の専門家がほとんど入り込めていない領域であることに、改めて危機感を覚えた。

†「安心してひきこもれる生活」が、コロナによって崩壊

緊急事態宣言下では、政府やメディアによって「不要不急」という言葉が連呼された。

不要不急の外出や会食を控えることで感染する（させる）リスクを最小化すべき、というメッセージが繰り返し発信された。

性風俗店は一見すると、「不要不急」の娯楽産業の象徴に見えるかもしれない。しかしその実態は、様々な事情で「大至急」「今すぐに」現金収入を必要としている女性たちが集まる仕事場である。

女性たちが緊急事態宣言下、休業要請の出ている中でも働かざるを得ないのは、当たり前のことだが生活のためである。換気の悪い待機部屋で、感染リスクを覚悟しながら、指名の電話を待ち続ける女性もいれば、個室待機の店には在籍できず、感染に怯えながら外待機（＝ファミレスや喫茶店などで指名が入るのを待つこと）をするしかない女性もいた。

パニック障害やうつ病、ひきこもりなどの理由で、一般の仕事をすることが難しい女性にとって、性風俗店は確実に収入を得ることのできる貴重な職場でもある。なるべく人と関わり合いになりたくない、という理由で、性風俗で働いて一定のお金を貯めた後、何もせずにただ貯金を切り崩しながら生活する女性もいる。十代の頃からのうつ病や摂食障害が原因で、半分ひきこもりのような生活を何年も送り続けている女性もいる。

五十代を過ぎてもデリヘルで働いているある女性は、家賃が払えなくなったらひきこもる場所を失ってしまう、という恐怖の中で、「頼れる人がいなくて、ひきこもりながらただ生き延びているだけの人生ですが、何とか人間としての生活をしたいです」と語った。

Jさん「障害者雇用枠で働いたこともあったのですが、長続きしませんでした。週五日、九〜十七時で働くのは自分には無理だということが分かりました。風俗なら上司や同僚に怒られることもありません。一回の接客は長くても二時間。出勤しても指名はあまりなく、待機部屋で時間を過ごすことも多いのですが、お店のスタッフさんにはすごく良くしてもらえて、唯一の心の拠り所になっています。だから、今のお店をやめたくないんです。

小さい頃から容姿がコンプレックスだったのですが、お客さんから「君はとてもきれいだ」と言われ、自己肯定感を得ることができました。自分の働きがこんなに認められることは、それまでなかったので」（五十代・デリヘル）

性風俗の仕事が精神的な拠り所になっている、性風俗の仕事のおかげでどうにか生き延びることができた、と語る女性は多い。少なくともそこで働く側にとって、性風俗は決して「不要不急」の世界ではないのだ。

†エッセンシャルワーカーとしての彼女たち

緊急事態宣言下、県を跨いだ移動が困難になる中、「一日出勤につき〇万円を保証という条件につられて地方に出稼ぎに行ったが、あれこれ理由を付けられて結局保証は付かず、交通費も自腹で赤字になってしまった。当初の約束通り、お店に保証を支払ってもらうためにはどうすればいいか」といった相談が、地方都市から多数寄せられるようになった。

政府や自治体から休業要請がなされている中、「お店から出勤を強要された」という相談は、風テラスには一件も入らなかった。「出勤を強要されている」というよりも、むしろ「どうにかして出勤させてほしい」「出稼ぎをしてでも稼ぎたい」と願っている女性が圧倒的に多い、という印象を受けた。この点は、世間とのイメージのギャップが大きい部分だろう。

そうした中、仕事を求めて首都圏から地方に出稼ぎに行った女性から、ネット上で「コロナテロ」呼ばわりされて誹謗中傷を受けている、という相談も入った。

性風俗で働いても稼げないけれども、他に稼ぐ方法が分からないので、出稼ぎに行く。出稼ぎに行っても稼げないけれども、他に稼ぐ方法が分からないので、再び他の地域に出稼ぎに行く……という悪循環。人間は、困れば困るほど、自分の行動を振り返る余裕がなくなり、これまでと全く同じことを、ただひたすら繰り返すようになる。

彼女たちの「出勤させてほしい」「稼ぎたい」の背景には、家族の存在がある。緊急事態宣言下では、「風俗の収入でどうにか家計を維持してきたが、コロナの影響で風俗の収入がなくなり、生活そのものが成り立たなくなった」というシングルマザーや既婚女性からの相談も増加した。

病気で無職になった夫、子どもの学費、年老いた親の介護、そして住宅ローンを抱えて、自分一人がソープで働いて毎月四十〜五十万円稼ぐことで、どうにか家計を回していたが、コロナの影響で仕事が無くなり、どうしようもなくなってしまった……という相談もあった。

コロナが重症化しやすい高齢の家族と同居しているため、お店に出勤して感染リスクを高めることは避けたい。しかし、出勤しないと家族を養えない。一斉休校で子どもの世話をしなくてはいけなくなったため、出勤する余裕がない。しかし、出勤しないと子どもを養えない。

性風俗業界は、少なく見積もっても全国で三十万人を超える女性が働いている。市場規模は数兆円に及ぶとも言われ、地域経済に与える影響も少なくない。そして性風俗店の休業や閉店は、そこで働く女性の家計の破綻に直結する。

道徳論や是非論をいったん脇に置けば、医療や福祉、小売りや運輸と同様に、性風俗で働く女性も、家庭や地域に不可欠なライフラインを支える「エッセンシャルワーカー」なのだ。コロナ禍では、不要不急や公序良俗の名の下に不可視化・排除されがちな業界の中にこそ、エッセンシャルワーカーがひしめき合っている、という現実が浮き彫りになった。

†強すぎる自責の念がもたらす不幸

風テラスの相談者の中には、相談を始める前に、「自分が悪いのですが」という前置きをする人が少なくない。自分の責任で選んだ仕事なので、今の状況になったのは全て自分が悪い。自分のせいで相手に迷惑をかけたので、そもそも相談する資格がないと思う。服薬も通院も続かないのは、自分がだらしないからだ。借金も、離婚も、夫からの暴力も、全て自分が悪い……などなど。

主観的には、確かにそうかもしれない。しかし、他に選択肢のない状態で選んだ道が間違っていたとしたら、それは選んだ本人の責任ではなく、選択肢を用意できなかった社会の責任ではないだろうか。対人コミュニケーションがうまくいかない、ホスト依存がやめられない、服薬も通院も続かない、というのは、本人の意志の問題だけでなく、病気や障害のせいでもあるはずだ。

Kさん「昨年離婚して、子どもと二人での生活を始めました。別れた夫から養育費は一切もらえていません。コロナの影響で昼職の収入が減り、風俗で働き始めたのですが、元夫に風俗で働いていることを突き止められてバレてしまいました。「こんな時に何をやっているんだ」「子どもたちがかわいそうだと思わないのか」「今すぐにやめろ」と説教されています。自分が悪いので、仕方がないのですが……」（三十代・デリヘル）

客観的に見れば、生活苦の中、性風俗店で働いてなんとか子どもを養おうとしている女性を、養育費を支払っていない元夫が、偉そうに説教する資格はない。そもそも、別れた妻の行動や職場を調べあげて会いに行くという振る舞い自体、まぎれもないストーカー行為である。

しかし、そうした元夫による理不尽な説教に対しても、当の女性は「自分が悪いので、仕方がない」と受け入れてしまう。それだけ強い自責の念に囚われているのだ。

Lさん「コロナ関連の貸付や給付金を利用しようとしたのですが、お店から「あなたが役所に収入を申告して、そこから何かよくないことが起こったら、責任は取れるのですか。あなた一人の行動でお店が潰れて、大勢の女の子が路頭に迷うかもしれない」と、暗に申請をしないように言われました。お店に迷惑がかかるといけないので、申請をやめようかどうか悩んでいます」（二十代・デリヘル）

税金を申告していない店舗に税務調査が入るのは、店舗経営者の責任以外の何物でもない。にもかかわらず、「お店に迷惑がかかるから」という理由で、緊急小口資金の申請や確定申告を躊躇する女性は大勢いた。強すぎる自責の念は、時として悪意のある第三者から利用される原因になってしまう。

†「個人で稼ぐ」「ルール違反をして稼ぐ」ことの落とし穴

性風俗店の休業や営業自粛によって収入を失った女性たちは、これまでに指名してくれた客と店外で直接会うようになったり、場合によっては、出会い系アプリなどを利用して、個人でお客を探すようになった。

風テラスにも、店外でのトラブルやパパ活（個人売春）に関するトラブルの相談が数多く寄せられるようになった。生活に困れば困るほど、思考力は鈍り、判断能力は低下する。目の前の安易な解決策や、普段であれば絶対に断るような誘いに飛びつかざるを得なくなる。その結果、詐欺や盗撮、性暴力被害などのトラブルに巻き込まれ、誰にも相談できなくなる……という悪循環だ。少しでも被害を未然に防ぐべく、事前の対策とトラブルに巻き込まれた時の対処法をコラムにまとめて、ツイッターで発信した。

複数の女性から、同一犯と思しき「パパ」から被害に遭った、という相談も寄せられた。性風俗で稼げなくなった女性を狙った悪質な詐欺もかなり蔓延していたものと思われる。そうした悪質な「パパ」の逮捕を報道で知ることもあり、「ああ、あの手口の犯人は無事に捕まったのか」と胸をなでおろすこともあった。

一方で、女性自ら違法行為に手を出してしまうこともある。「性暴力被害に遭った」という女性から相談が入ったので、よく話を聞いてみると、お店で禁止されている本番行為を自分からお客に持ち掛けたものの、行為が終わった後に料金をめぐってお客とトラブルになった、というケースもあった。

お客が激減する中で、少しでも収入を増やすために過激なサービスや違法な行為に手を出してしまい、トラブルに巻き込まれる。誰かに相談したくても「自業自得だろう」と言われることは目に見えている。お店にも警察にも相談できない。そのため、「性暴力の被害者」と偽って相談せざるを得なかった……というわけだ。

彼女たちは性暴力の被害者ではないかもしれないが、コロナ禍の被害者であることは間違いない。

†「固定費」が常時ストップ高の生活

性風俗で働く女性は、一般の相場よりも高い家賃の部屋に住んでいることが多い。これは、決して贅沢をしているというわけではない。性風俗や水商売の仕事をしている女性には部屋を貸してくれない業者も多いため、「水商売・風俗可能」「保証人不要」とうたった部屋を選ぶしかない。そうした物件は、家賃が通常よりも割高になっている。

また犬や猫などのペットを心の拠り所にしている女性も多いが、「ペット可」という条件が加わると、さらに家賃は高くなる。

固定費が高止まりしがちな生活の中で、収入が数日でも途切れてしまうと、一気に経済的に困窮してしまう。「月収で五十〜六十万円を稼いでいるはずなのに、なぜか明日の食事代すら手元にない」という状況は、一般的には理解しがたいが、自宅の家賃に加えて、ホストの売掛、働かない恋人や夫の分の生活費などの「固定費」が常時ストップ高になっていているような毎日を送っていると考えれば、納得がいく。コロナ禍では、固定費の高い事業者から順に破綻していった、と言われるが、個人も例外ではない。

家賃やカードの支払い滞納が数十万円を超えて精神的に不安定になり、「もう相談しても手遅れ」「死ぬしかない」と思い込んでしまっていた女性や、お金を借りる先が無くなって、闇金に手を出してしまった女性もいる。

Mさん「扁桃炎と口腔ヘルペス、そして梅毒になってしまい、仕事を休まざるを得なくなりました。来週までに五十万円を払わないと、カードが解約されてしまいます。緊急小口資金も考えたのですが、申請が間に合いません。カードが使えなくなるのは困るので、闇金で借りようか迷っています」（二十代・ソープ）

三上弁護士「闇金から借りることは、絶対にやめてください。緊急小口資金も借金の一つなので、借金をして借金を返すような状況は、どこかのタイミングでリセットした方がよいのです。自己破産をすることでブラックリストに名前が載ったとしても、ここで一旦クレジットカード頼みの生活をやめて、現金払い中心の生活に切り替えれば、これからも普通に生活していくことはできます。自己破産を過度に恐れる必要はありません」

弁護士に相談する前に闇金にお金を借りてしまい、毎日の催促に悩まされている女性もいた。一方で、無理のある債務整理計画を立てて、さらに問題を悪化させてしまうケースもあった。「弁護士に依頼して任意整理をしたが、これから五年間、毎月五万円を法律事務所宛に支払う必要があり、とても辛い」「弁護士費用を約束どおり支払うことができず、弁護士に辞任されてしまった」という相談も度々寄せられた。

三上弁護士「自己破産を選択したほうがよいのに、最初に依頼した弁護士や司法書士に言われるがまま、到底支払い続けることができない高額な弁済計画の任意整理をさせられている案件はこれまで複数見てきました。こうした案件では、下手すると初回の返済から約束通りの支払いができず、結局、自己破産を選択せざるを得ません。弁護士費用も、最初から自己破産を選択した場合より余分にかかってしまいます。

私のところに相談に来て、「自己破産と任意整理の内容が初めてよくわかりました」「私は任意整理をしていたんですね」とおっしゃる方もいます。

コロナ禍で困窮して「とにかく目先の支払いをなんとかしたい」と焦っている女性は、弁護士や司法書士に債務整理を依頼すればとにかく安心だと考え、無理な任意整理をさせられようとしていることに気が付かないかもしれません。

無理な任意整理をした結果、一層経済的に苦しい状態に追い込まれる女性が増えないように、債務整理（自己破産と任意整理の違い等）についての正確な情報提供も必要だと感じました」

†相談者からのお礼の言葉が励みに

生命の危機に関わるような相談が日々寄せられる中、痛感したことは「まずつながること」「つながりつづけること」の大切さと難しさだ。

佐藤SW「風テラスのメール対応を振り返ってみたのですが、切迫した相談が多く、生命の危機に瀕している状態、ギリギリの精神状態でご相談につながっている方が多いことを強く感じました。

行政や民間の相談窓口に電話してもつながらないことが増えている中で、救える命がどれだけあるか……という問題も出てきていると思います。ご相談につながっていることそのものが大切ですし、早期対応を図ることが今一番大切であるとも感じました」

一方、そうした相談者に対して、チャットやメールで「これからお電話でお話できませんか」と提案すると、緊急性の高そうな人であればあるほど、警戒されることが多かった。「じゃあ、もういいです」と言われて連絡が途絶えてしまうこともあり、緊急性の高い案件を相談につなぐこと自体の難しさを感じた。

相談者の中には、相談員が自分の欲しい答えを言ってくれないことが分かると、手のひらを返したように攻撃的な態度をとったり、一方的に通話を打ち切ってしまう人もいた。

そうした相談を受けている最中にも、ひっきりなしにＬＩＮＥやツイッターから新規の相談依頼が届く。食事や休憩の時間を削って連続で相談に対応することもあり、相談員の気力・体力の消耗も激しくなる状況が続いた。

苦しい中で心の支えになったのは、時折ＬＩＮＥやツイッターで届く、以前対応した相談者からの報告や感謝の言葉だった。

「お忙しい中お時間を作っていただき、本当にありがとうございました。親身にお話を聞いてくださったり、情報を提供してくださったり、心から感謝申し上げます」

「お優しい女性の方の声で励まして頂けたことで、心が軽くなりました。相談員の皆様もご多忙な毎日かと思いますが、くれぐれもご自愛なさってください。本当にありがとうございました」

「先日はありがとうございました。その後、生活保護も決まり、自己破産に関しても三上先生にお世話になり順調に進んでいます。まだまだ道半ばですが、早く普通の生活に戻れるよう、がんばりたいと思います」

「本当に相談させて頂いて良かったと思いました。コロナの中、仕事を続けることに対する恐怖心がとても強かったので、感謝の気持ちでいっぱいです」

こうした感謝の声が、過酷な相談対応を続けていく上での心の拠り所になった。中でも、緊急対応で臨時に相談を受けて、その後どうなったのか連絡がなかった女性から、数日〜数週間後に報告が届くケースは、相談員の喜びも大きかった。

Nさん「先日相談をしたNです。以前お話を聞いてくれたSWの方と弁護士の方にお礼を伝えて下さい。おかげで無事に手続きが終わり、生き延びることができそうです。情報を色々教えてくださり、そして私の話を聞いて励ましてくださり、とてもありがたかったです。本当に、本当にありがとうございました」(二十代・デリヘル)

佐藤SW「ご報告ありがとうございます。良かったー！　本当に緊急対応が必要なケースでしたので、つながれてよかったです。Nさん、色々な事情を抱えておられて、ご本人は自分を責めておられたのですが、ご本人から「生きていていいんだなと心が救われました」と終了後にメッセージを頂きました。本当に良かったです……」

三上弁護士「こうした報告が聞けると、私たちも相談を続けていく気力が湧いてきますね……。Nさん、本当に良かった！　佐藤SWの適切な助言と親身な共感の姿勢で、時折泣きながら、本当に感謝して頂けたので、改めてSWと弁護士の協働は素晴らしいなと思いました。

とはいえ、相談者の方全員に一〇〇％満足して頂くことは難しいので、クレームや不満の声もあるかと思います。そういったものも今後の相談に活かしていきたいので、遠慮なく共有してください！」

†「いわゆる普通の人に戻りたい」

四月二十日、特別定額給付金の詳細が発表された。給付金の申し込みは、「令和二年四月二十七日」時点の住民票を基準にして、世帯主が行う形になった。

徳田弁護士「これは厳しいですね。風テラスでも、住民票をそのままにして逃げてきたという相談が過去にありましたが、事情があって親や家族から逃げている人はＤＶ以外もたくさんいて、そういった人の避難先は他県のことが多いですよね……。転出届をどうやって取りに行けというのでしょうか」

三上弁護士「四月二十七日までに住民票を移したり世帯分離したりできれば、現在の世帯主との関係が悪い人や居場所を知られたくない人でも、自分自身の現在の住所宛に申請書が届くってことですかね……。そういうことなら、あと六日間で「今のうちに住民票の異動を！」という広報が必要かもしれませんね」

特別定額給付金を受け取るための情報を、「風俗で働く女性のための『十万円給付金』の受け取り方」という記事にまとめてツイッターで発信したところ、二千回近くRT（リツイート）された。配偶者からのDVで避難している人が給付金を受け取るために必要な手続きについても、情報発信を行った。風テラスの公式サイトでも、働く女性が利用可能な制度・給付金などの情報を分かりやすくまとめたページを開設した。

またYouTubeチャンネルを持っている弁護士法人グラディアトル法律事務所の若林翔弁護士と連携して、性風俗で働く女性向けに緊急小口資金や特別定額給付金、生活保護の申し込み方法を解説する動画を公開した。

四月三十日から、住居確保給付金の申請条件が緩和される（求職要件が撤廃される）という動きがあった。家賃の支払いに困っている女性にとっては朗報である。

しかし、性風俗で働く女性たちの中には、アリバイ会社（お店が在籍女性の身バレ防止のために用意した会社）で働いているという建前で部屋を借りている人もいる。住居確保給付金の申請条件が緩和される一方で、「アリバイ会社で部屋を契約しているのだけれど、

コロナ対応のためのサムネイル画像

申請しても大丈夫でしょうか」という相談が増えるようになった。

　アリバイ会社を使って契約していたことが分かってしまうと、それ自体が賃貸借契約解除の理由になってしまいかねない。各種給付金の申請で収入の減少を証明する際に、アリバイ会社の収入が減ったという申告をしてしまうと、明らかに虚偽の申告となり、不正受給になってしまう。せっかく利用できる制度がありながら、利用できない。

　性風俗で働いていることを隠すための手段が、生活に困った時に、逆に支援制度や給付金の利用を妨げる壁となってしまう。生き延びるために、ついた嘘が、非常時では生き延びることの妨げになってしまうというジレンマだ。

四月下旬に入ると、「一度社協や役所に相談に行ったが、うまくいかなかった」「緊急小口資金をもらえたけど、すぐに使い切ってしまい、生活は楽にならなかった」という相談が増えるようになった。

元々性風俗の世界は、既存の社会福祉制度では包摂しきれないグレーゾーン、ボーダーラインにいる人たちが集まる世界である。もちろん、生きるか死ぬかというレベルの相談が殺到した緊急事態宣言下では、そうしたことは百も承知で行政や福祉へのつなぎ直しを行っていたわけだが、改めて「既存の福祉制度では救われなかった人たちを、再び制度につなぎ直すことの意味」が問われる局面に入っている、と感じた。

佐藤SW「元々、風俗の仕事で得た現金収入という「点」を「線」でつないで、日々の生活をどうにか継続しているような状態だった方が多いですよね。相談者の方から「いわゆる普通の人に戻りたい」という言葉をお聞きすると、とても考えさせられます……」

連日殺到する相談に対応していると、相談を受ける側も感覚が麻痺してくる。たいていのことには驚かなくなってくると同時に、一人一人の相談者に異なる事情があることを忘れてしまいそうになることもある。

三上弁護士「先ほどのご相談を受けた際に「まだ貯金が八十万もあるじゃないか」と一瞬思ってしまった自分に、ヒヤッとしました。人それぞれ状況は違い、当面の衣食住には困っていないように見える方でも、その方の人生史上最大の危機を迎えていることには変わりないわけなので、その不安に寄り添った対応をしていかなければ……と思いました」

坂爪「私も「八十万もあれば、大丈夫じゃないか」と思ってしまいました……。毎日のように「あと一万三千円しかないです」「二千円しかないです」「現金が全くありません」という方の対応ばかりしていると、どうしても感覚が麻痺してきますよね……。相談を受ける側の感覚でジャッジしないよう、私も気を付けたいと思います！」

固定観念に囚われず、かつ一般常識を忘れずに、相次ぐ相談を丁寧にヒアリングしながら短時間で的確に相談の意図をキャッチして、「何に悩んでいるのかわからない悩み」に一区切りをつけること。そして、「これからもつながっていられるんだ」という安心感を抱いてもらうこと。これこそが、非常時における対人援助職としての弁護士・ソーシャルワーカーの使命だと言える。

怒濤の日々の中、四月の最終金曜日に、相談員の慰労会も兼ねて、ズームでオンライン飲み会を行った。私を含め、風テラスの相談員には子育て世代が多いため、画面上に次々に乳児・幼児・未就学児・小学生が乱入してきて、とてもにぎやかな時間になった。息苦しい社会情勢の中で、子どもたちのはしゃぎ声と笑顔が大きな息抜きになった。

†五月の大型連休中、七時間連続のオンライン相談会を実施

五月の大型連休は、例年であれば、性風俗業界にとって年間屈指の繁忙期＝稼ぎ時である。しかし、緊急事態宣言によって人の移動やそれに伴う経済活動の大半が消えた大型連休は、全く稼げない上に、相談先の役所も閉まってしまうという「魔の五日間」になった。

そのため、四月下旬〜五月頭に相談に来られた方に対しては、「このままだと非常に厳しい状況で連休を迎えることになってしまうので、連休前に役所に行ってほしい」と繰り返し伝えた。各支援団体によって連休中に都内で開催されている炊き出しのアナウンスも行った。

連休中の五月五日には、弁護士二名・SW二名の相談員チームを作り、午後から深夜まで、七時間連続のオンライン相談会を開催した。全国各地から、多くの相談が寄せられた。

徳田弁護士「相談者にはいつでも再相談可と伝えています。今は対応している相談窓口も少ないですし、勇気を振り絞って相談してきた方をないがしろにはしたくないので、もし再相談の連絡があれば教えてください」

三上弁護士「相談者の方が、「実は今日誕生日だったんです」と途中で話してくれたので、佐藤さんがすかさず「お誕生日、おめでとう〜！」と反応してくださいました。さすがです！

誰にも頼らずに、ここまで一人で頑張って生きてきたのは本当に偉いし、すごいこと。ここまで生きてきたんだから死んで欲しくない、どうか命を繋いで欲しい……と佐藤さんがお伝えしたところで、ご本人はこらえきれなくなったのか、泣き出されました」
佐藤SW「かなり厳しい状態ではありますが、相談をする気力がある方なので、きっと生き延びてくれると信じています。どんな形でもよいので、再相談につながると良いなと思っています」

生活保護に関する質問や疑問、不安を解消するため、連休明けの五月十一日、生活保護の解説マンガ（「あしたの嬢」第三話、84頁に掲載）を風テラスのサイトとSNS上で無料公開した。漫画家のΩ子さんに依頼して、急ピッチで製作して頂いた。

連休明けに一時的に相談が増えたものの、相談件数自体は、五月中旬になってようやく落ち着いてきた。それでも、前年比の三〜四倍の相談が連日寄せられており、予断を許さない状況が続いていた。

三上弁護士「四月の野戦病院状態から一転して、明日の生活にも困っている状況の相談が激減し、コロナ前にあったような一般的な相談の数も増えました。連休後、世間全体に自粛解禁モードが漂っているとはいえ、ここまで顕著に相談のトレンドが変わってしまうのかと驚いています。

生きるか死ぬか、という瀬戸際の時期は四月で終わり、なんとか生き延びた人たちが生活を立て直す局面に入ってきた、という印象です」

佐藤SW「緊急の相談が減っているのは、四月中に風テラスのサイトにアップした諸々の記事の効果が出て、相談するまでもなく記事を読んで解決している案件がかなりあるのではないかと思っています。ただ、本日のご相談でも、「いのちの電話に電話したけどつながらなかった」という方がおられました。相談窓口に連絡してもつながらない、というケースはまだ多いようです」

五月十四日、北海道・東京・埼玉・千葉・神奈川・大阪・京都・兵庫の八つの都道府県を除く、三十九県で緊急事態宣言が解除された。五月二十五日、首都圏一都三県と北海道の緊急事態宣言が解除され、およそ一カ月半ぶりに、全国で緊急事態宣言が解除されることになった。

†持続化給付金詐欺に巻き込まれる「無自覚なギグワーカー」たち

六月に入ると、感染症拡大による営業自粛等により特に大きな影響を受ける事業者に対して、事業の継続を支えるために給付される「持続化給付金」の申請代行詐欺に関する相談が増えるようになった。

持続化給付金の申請には、確定申告をしていることが条件になる。しかし前述の通り、

生活保護のマンガ「あしたの嬢」
新型コロナの影響で収入がゼロ！　生活に困った時、どうすればいい？
画：Ωさん @omega_omeko、www.futeras.org/865

生活保護《せいかつほご》を受《う》けることで最低限《さいていげん》の衣《い》・食《しょく》・住《じゅう》を確保《かくほ》することができますよ
本当《ほんとう》ですか？
相田弁護士《あいだべんごし》
生活保護《せいかつほご》って病気《びょうき》の人《ひと》やお年寄《としよ》りでなくてももらえるのですか？
生活《せいかつ》に困《こま》っていると認《みと》められれば年齢《ねんれい》・職業《しょくぎょう》・病気《びょうき》の有無《うむ》に関係《かんけい》なく受給《じゅきゅう》することができます
誰《だれ》でももらえるなんて知《し》らなかったです・・・！
生活保護《せいかつほご》のしくみ
最低生活費《さいていせいかつひ》
自分《じぶん》の収入《しゅうにゅう》
差額分《さがくぶん》を支給《しきゅう》
厚生労働省《こうせいろうどうしょう》が定《さだ》める最低生活費《さいていせいかつひ》
（生活《せいかつ》するために最低限必要《さいていげんひつよう》な費用《ひよう》。約《やく》10〜15万円程度《まんえんていど》）
と現在《げんざい》のあなたの世帯《せたい》の収入《しゅうにゅう》の差額《さがく》が
生活保護費《せいかつほごひ》として支給《しきゅう》されます。
（収入《しゅうにゅう》がゼロであれば、最低生活費《さいていせいかつひ》と同額《どうがく》が支給《しきゅう》）
日常生活《にちじょうせいかつ》に必要《ひつよう》な費用《ひよう》（食費《しょくひ》・服代《ふくだい》・光熱費等《こうねつひなど》）
アパート等《など》の家賃《やちん》（住宅扶助《じゅうたくふじょ》）
米
ガス
しきゅう
支給
医療費《いりょうひ》は無料《むりょう》に
対象《たいしょう》となる人
働《はたら》きたくても仕事《しごと》がない（出勤《しゅっきん》してもお茶《ちゃ》ばかり）
ヒマ
心身《しんしん》の調子《ちょうし》が悪《わる》くて仕事《しごと》ができない（うつなどの病気《びょうき》で働《はたら》けない）
所持金《しょじきん》も貯金《ちょきん》もゼロで頼《たよ》れる親族《しんぞく》がいない（実家《じっか》には帰《かえ》れない）

風俗《ふうぞく》で働《はたら》いていても生活保護《せいかつほご》はもらえるんですか？
もちろん大丈夫《だいじょうぶ》です
生活保護《せいかつほご》は
働《はたら》いていても
年齢《ねんれい》が若《わか》くても
年金《ねんきん》を支払《しはら》っていなくても
住民票《じゅうみんひょう》がなくても
確定申告《かくていしんこく》をしていなくても
借金《しゃっきん》があっても
税務署
○○金融
もらえる！
もらったお金《かね》は後《あと》で返《かえ》さないといけないのでしょうか？
返《かえ》す必要《ひつよう》はありませんのでご安心《あんしん》ください
生活保護《せいかつほご》のことは親《おや》には絶対《ぜったい》バレたくないのですが・・・
親《おや》から暴力《ぼうりょく》や虐待《ぎゃくたい》を受《う》けているなどの事情《じじょう》があれば役所《やくしょ》から親族《しんぞく》に連絡《れんらく》すること(扶養照会《ふようしょうかい》)をしないで欲《ほ》しいと伝《つた》えることもできます

生活保護《せいかつほご》を受《う》けるためにはどうすればいいのでしょうか？
お住《す》まいの市区町村《しくちょうそん》の役所《やくしょ》で申請《しんせい》できます
HOTEL
ネットカフェ
出稼《でかせ》ぎ先《さき》のネットカフェホテルや友人宅《ゆうじんたく》にいる人《ひと》はその市区町村《しくちょうそん》でOKです
申請手続《しんせいてつづ》きには時間《じかん》がかかるので役所《やくしょ》には午前中《ごぜんちゅう》に行《い》きましょう
窓口《まどぐち》では生活保護《せいかつほご》の「相談《そうだん》」ではなく
「申請《しんせい》」をしたい
と伝《つた》えてください
もうダメだと思《おも》っていたのですが頼《たよ》れるところがあると分《わ》かって気持《きも》ちが楽《らく》になりました・・・！
生活保護《せいかつほご》はみんなのセーフティネットです
風俗《ふうぞく》で稼《かせ》げないこれ以上《いじょう》働《はたら》けないという時《とき》は
勇気《ゆうき》を出《だ》してぜひ申請《しんせい》に行《い》ってみてください

性風俗店で働く女性の中で、きちんと確定申告をしている人は少数派である。そうした中で、「申請すれば百万円がもらえる」「確定申告の手続きは全てこちらで代行します」という言葉に誘われて、知人や友人、あるいはホストやスカウト経由で怪しい業者に持続化給付金の申請代行を依頼してしまい、高額の手数料を取られたり、個人情報を抜き取られてしまう被害が増えた。

そもそも持続化給付金という制度がどのようなものなのか、確定申告という制度がどんなものなのかすら分からない状態で申し込んでしまい、何も分からないまま、結果的に不正受給をしてしまったというケースもあった。

Pさん「障害年金と風俗の収入で生計を立てています。確定申告は一度もしたことがなく、役所の市民税・県民税の申告書には、無職で収入なしと記載しています。

先日、知り合いから持続化給付金の申請代行を持ちかけられました。「持続化給付金が百万円入金されるから、その後に五十〜六十万の手数料を支払えばよい」と言われました。実際にそれでお金が手に入った友人もいます。

でも、持続化給付金を申請したことでこれまで無申告だったことがバレて、障害年金が

打ち切られたりしないかどうかが心配です」（二十代・デリヘル）

三上弁護士「五十～六十万もの手数料を取られる申請サポートは、絶対に使ってはいけません。それはあなたが懸念している通り、違法な業者である可能性が高いです。

持続化給付金自体は、あなたの収入という形になります。申請プロセスで、昨年の収入も明確にしなければなりません。そうすると、昨年の風俗の仕事で得た収入をゼロ円ではなく、きちんと申告しなおす必要があります。修正申告した収入の金額次第では、今後障害年金が打ち切られてしまう可能性もあります」

こうした持続化給付金の申請代行詐欺の背景にあるのは、無自覚なギグワーカーたちの不安と苦悩である。

性風俗で働く女性は会社員ではなく、個人事業主である。彼女らはUber Eats（ウーバーイーツ）の配達員のように、時間的拘束を受けず、好きな時間に好きな分量の仕事をする働き方をしている。「写メ日記」と呼ばれるブログやツイッターで宣伝・集客する女性も多く、いわゆる「ギグワーカー」（インターネットなどで募集している単発の仕事を受注し、収入を得ている労働者）に近い。

問題は、多くの女性が、ギグワーカーとして働いているにもかかわらず、自分がギグワーカーであることに対する自覚が全くないことにある。「とにかく短時間で高収入を得たい」という動機でこの業界に入り、社会保険や収入証明などの手続き、無申告のリスクなどについて何も知らない、または知らされないまま、個人事業主として働き続けている。

その結果、ひとたびコロナ禍のような社会危機が起こると、瞬く間に仕事と収入を失い、何の補償も保険も受けられず、支援制度や給付金の申請手続きに必要な書類をそろえることもできないまま、出口の見えない生活困窮と社会的孤立の状態に追いやられることになる。

性風俗の仕事がバレてしまうこと、そしてこれまで無申告だったことに対する不安の中で、身動きが取れなくなり、本当は利用できる支援や制度があるのに「性風俗で働いていた自分には利用できない」と思い込んでしまい、さらに状況を悪化させてしまう。

追い詰められた結果、性風俗で働いていることを打ち明けているスカウトやホスト、同じお店で働く女性や店長に促されるまま、持続化給付金の申請代行詐欺の被害に遭ってしまう。免許証や確定申告書の控えなどの個人情報を根こそぎ抜き取られ、その後も二次被害・三次被害に遭い続けることになる。

性風俗の世界は、自助だけでは生きられないが、公助は使えない（使いたくない）という人たちが集まる共助の世界である。

今回のコロナ禍において、歴史上初めて、全国の多くの都市で、一斉に性風俗店の営業が止まった。緊急事態宣言の中、共助としての性風俗が約一カ月間にわたって機能しなくなった。

そのわずか一カ月の間に、全国各地で膨大な数の女性たちが、経済的・精神的に厳しい状況、「生きるか死ぬか」という切迫した状況に追い込まれることになった。コロナ禍で、「共助としての性風俗」の強さと脆さが改めて露呈する形になった。

三月二十五日から六月三十日までの約百日間で、風テラスでは延べ千五百六十五人の女性から相談を受けた。彼女たちの苦悩、涙、そして笑顔の中から浮かび上がってきたのは、

†「最後に頼れるのは公助しかない」という現実

「最後に頼れるのは公助しかない」という現実だ。

公助に頼ることを避け続けてきた女性たちにとって、これは見たくない現実だろう。また、これまで公助に一切頼らずに生き延びてきた＝公助から排除される対象であり続けて

きた性風俗業界にとっても、見たくない現実であるはずだ。

そして何より、行政にとっても、性風俗業界に公的資金を投入するというのは、全く前例のないことである。

働く女性たちにとっても、経営者にとっても、行政にとっても、「性風俗と公助をつなぐ」ことは、全くの想定外であり、前例のないことだ。しかし、コロナ禍のような社会的危機の状況においては、公助につながる以外に、性風俗の世界で働く人たちが、自らの命を守る方法はない。公助につなげる以外に、彼ら彼女らの命を守る方法はない。たとえ、どんなに彼ら彼女らの仕事が、社会通念や公序良俗、国民感情に反するように見えるものであったとしても、だ。

次章では、コロナ禍の中で風テラスが挑戦した「性風俗を公助とつなぐ」ためのソーシャルアクションの試みを記していく。

第三章

立ちはだかる「性風俗の壁」

†「濃厚接触」最前線

社会に自粛ムードが漂い始めた二〇二〇年二月下旬頃から、新型コロナの影響による男性客の「性風俗離れ」や店舗の経営難、性風俗店で働く女性の大幅な減収、それに伴う生活困窮などが、メディアで度々取り上げられるようになった。

「濃厚接触」という言葉がメディアで発信されればされるほど、濃厚接触中の濃厚接触であるサービスを提供する性風俗店への風当たりは強まっていった。

特に繁華街の店舗は、在宅勤務（テレワーク）の普及で、営業や接待による利用が激減したことに加えて、会社員が仕事帰りに飲食店や繁華街に行く流れが途絶えたことによって、大きな打撃を受けた。

コロナの影響で学校が休校になり、子どもの預け先がないために、働きたくても働けないシングルマザーの問題にも焦点が当たるようになった。

風テラスにも取材依頼が届き、相談員の安井飛鳥弁護士のオンラインインタビューが、弁護士ドットコムの記事「新型コロナで困窮する「性風俗の女性」たち　テレワークと休校が与えた意外な影響」（三月二十二日）*で配信された。この記事が各所で拡散され、次々にメディアから取材依頼が来るようになった。

コロナ以前から、性風俗の世界は、既に「誰もが稼げる」「楽して稼げる」世界ではなくなっていた。意を決して性風俗店で働くことを決意したものの、昼の仕事以下の収入しか得られず、生活困窮に追い込まれた女性からの相談は、風テラスが相談を開始した当初（二〇一五年）から多数寄せられていた。

今回のコロナ禍では、そうした女性たちが真っ先に深刻な状況に追い詰められたことは言うまでもない。一方で、これまで相談とは無縁だった、高級ソープや高級デリヘルなどで働く高収入層（月収八十〜百五十万円以上）の女性たちからの相談も急増した。第一章でも述べた通り、どれだけ収入があっても、固定費が高止まりしていたり、多額の支払いを抱えている状態であれば、ほんの数日間出勤できなくなるだけで、家計は簡単に破綻してしまう。

†署名キャンペーンを立ち上げる

三月十八日、厚生労働省は、新型コロナによる一斉休校によって仕事を休まざるをえなくなった保護者を支援するための助成金制度＝「新型コロナウイルス感染症による小学校休業等対応助成金」の申請受付を開始した。保育園や小学校、特別支援学校などに通う子どもの世話のために休業した保護者に対して有給休暇を与えた事業者に、一日につき八千三百三十円を上限に、賃金相当額を助成金として支給する制度である。

業務委託契約等で仕事をしている個人事業主に対しては、「新型コロナウイルス感染症による小学校休業等対応支援金」が創設され、同日に申請受付が開始された。業務委託を受けて個人で仕事をするフリーランスの保護者に対しても、一定の基準を満たせば、休校に伴う休業について一日四千百円が支給されることになった。

＊ https://www.bengo4.com/c_23/n_10949/

四月に入り、この休業補償制度の支給要領において、風俗営業等関係者が不支給要件の対象になっていることが、ツイッター等のSNSで話題になった。その後、大手新聞等のメディアでも取り上げられ、大きな批判の対象になった。

・毎日新聞　ナイトクラブや風俗業、休業補償の対象外　厚労省「公金助成ふさわしくない」に批判*（四月三日）

・ヤフーニュース（弁護士ドットコム）風俗、キャバクラは「休業補償の対象外」に批判殺到　厚労省「反社の資金洗浄に使われる」**（四月三日）

・日刊スポーツ　ラサール石井ら「差別」風俗業界の支援金除外を批判***（四月三日）

こうした動きに対して、当初私は静観していた。というよりも、第一章で述べた通り、日々殺到する相談対応で手いっぱいで、いちいちツイッターのタイムラインをチェックする暇がなかった……という方が正確だ。

性風俗店で働く女性は、事実上の業務委託契約で働いている個人事業主である。しかし、実際にお店との間で業務委託契約書を交わしている女性はごく少数にすぎない。仮に休業補償制度の対象になったとしても、申請の際に必要な業務委託契約書を提出できない女性が大半なので、支援制度としての実効性は極めて薄いだろう……。実際に現場で相談対応をしている身としては、このように考えていた。

そんな中、いつもお世話になっている国会議員や区議会議員の方々から「SNSで性風俗と休業補償の問題が話題になっているが、何か動けることはないか」「どのような産業であれ、収入が減った方への所得補償と現金の一律給付は必要だと思います」という連絡が入った。相談対応に忙殺されている最中であったが、良くも悪くも政治家が注目するレベルまで問題が大きくなっており、これは風テラスとしても動く必要があるのでは、と感じた。

性風俗に対してここまで社会の注目が集まることは、滅多にない。見方を変えれば、公助から排除され続けてきた性風俗と社会をつなぐための、絶好のチャンスなのではないか。

＊ https://mainichi.jp/articles/20200403/k00/00m/040/007000c
＊＊ https://www.bengo4.com/c_5/n_11022/
＊＊＊ https://www.nikkansports.com/m/entertainment/news/202004030000208_m.html

一度でも「国の決定を覆して、風俗営業等関係者を支給対象にすることに成功した」という前例をつくることができれば、今後新たに創設される制度においても、風俗営業等関係者が排除されることがなくなる可能性が高い。その積み重ねによって、昼の世界と夜の世界との間に橋を架けることができるようになるのではないだろうか。

また、コロナの影響で指名客の減った女性、収入を断たれた女性たちが、不安のあまりツイッター上でお互いを叩き合ったり、毒を吐きあう光景も増えた。負の感情が渦巻くSNSの闇に飲み込まれてしまう前に、こうした不安や怒りを社会性のある形で昇華する仕組みを作る必要があるのではないだろうか。

そこで、風テラスに寄せられた相談データを基にして、厚労省に対して風俗営業等関係者を休業補償の不支給要件から外すことを求める要望書を作成した。その上で、オンラインで賛同者の署名を募り、SNSのタイムライン上に溢れる「許せない」という感情を社会性のある形で集約・数値化し、国に対する声として昇華することを試みた。

四月三日、私はNHKニュースウォッチ9にズームで出演し、支援の最前線にいる立場から、性風俗の世界で働く女性への理解と社会的支援の必要性を訴えた。翌日四日、オンライン署名サイトのChange.orgを利用して、加藤勝信厚生労働大臣を宛先とした署名キャンペーン「風俗営業等関係者を、休業補償の不支給要件から外してください！」を立ち上げた。

キャンペーンを通して私たちが主張した内容は、以下の三つである。

1　この不支給要件自体が憲法十四条（法の下の平等）に違反するものであると同時に、合理的根拠のない明白な職業差別である。

2　ただでさえ行政に対する相談しづらさを抱えている全国の性風俗従事者をさらに追い詰めるものであり、決して看過することはできない。

3　風俗営業等関係者を含めて、どのような職業・社会的立場にいる人であっても、生活に困った時は遠慮なく行政や福祉の窓口に相談に来てほしい、というメッセージを、厚労省として改めて国民に周知してほしい。

風テラスの弁護士とソーシャルワーカー、臨床心理士、医師、支援団体、風俗店の経営者やキャスト、求人媒体、風俗業界に詳しい弁護士、研究者や院生、ライターなどの方々に賛同者になって頂き、Facebookやツイッターなどで署名を呼び掛けた。署名キャンペーンの開始を告げるツイッターの投稿は、瞬く間に千回以上RTされた。
開始当初から署名が殺到し、わずか一日足らずで、六千三百人以上の署名が集まった。

†瞬く間に方針転換

署名活動と並行して、多くの国会議員や都議会議員、NPOの関係者が厚生労働省に対して、陰に陽に働きかけてくれた。厚生労働省の内部でも賛否が分かれたようだったが、支給要件を見直すよう、内側から動いてくださった官僚の方々もいた。

四月六日、休業補償制度において「接待を伴う飲食業」や「風俗業」が除外されていることについて、寺田学衆議院議員の答弁に対して、菅義偉官房長官（当時）は衆院決算行政監視委員会第一分科会で「（助成金の支給）要領について見直したい」と述べた。

翌日七日、厚生労働省はこれまで対象外としていた風俗業などで働く人を休業補償制度の対象に加えることを正式に決定した。

NHKの取材に対して、私は「早い時点で見直しが行われたことを歓迎したい。これをきっかけに風俗業界などで働く人たちが困ったときに行政の制度を利用できるように改善していってほしい」とコメントした。

署名を衆議院議員・西村ちなみさんから厚生労働省の担当者に渡す

署名キャンペーンには最終的に一万人近い署名が集まり、四月八日、九千四百七名分の署名とコメントを、立憲民主党の西村ちなみ衆議院議員を通して、厚生労働省の雇用環境・均等局就業子育て世代支援対策室に提出した。

　性風俗で働く人たちの権利に関する署名運動が起こったことも、一万人近い署名が集まったことも、世論に押される形で実際に国が動いたことも、全く前例がないことだ。約一万人分の署名とコメントが記された分厚い紙の束を見て、これだけの数の方が風テラスのメッセージにご賛同くださったのか……と改めて実感し、胸が熱くなった。

　提出後、署名に協力してくださった方々に対して、私は以下のようなメッセージを投稿した。

「学生時代以来、二十年近く風俗業界に関わっていますが、風俗営業等関係者の権利を守るための署名に短期間で一万人近い賛同者が集まったのは、控えめに言っても歴史的快挙だと思います。社会における「風俗観」を良い方向に覆す第一歩になったと思います。

風俗営業等関係者を休業補償の不支給要件から外すためにご署名くださった全国九千四百七名の皆様、そして厚労省への働きかけにご協力くださった西村さん、品川区議の横山ゆかりさんをはじめ、賛同して動いてくださった区議・都議・衆議院議員の皆様、応援・賛同してくださった個人・支援団体・業界関係者の皆様、本当にありがとうございました！

コロナの影響はまだまだ長引きそうですが、引き続き風テラスの相談支援を通して、「風俗と福祉・司法をつなぐ」そして「風俗と社会をつなぐ」ためのソーシャルアクションを続けてまいりたいと思いますので、関係者の皆様、よろしくお願いいたします！」

†必要なのは、「無関心層を動かすこと」と「タイミング」

「性風俗と公助をつなぐ」ためのソーシャルアクションを実際に自分で行ってみて、二つの大きな発見があった。

一つ目の発見は、社会課題が解決の方向に動くのは、これまでその社会課題に関心がなかった人たちが動いた時である、ということだ。

今回の休業補償をめぐる動きでは、これまで性風俗の問題に関心がなかったであろう多くの人たちが、性風俗の世界で働く女性のために声を上げ、動いてくれた。そうした人たちの力によって、これまで押しても引いても開かなかった重い扉が、短期間で一気に開いた。

二つ目の発見は、ソーシャルアクションの成否は、その九割以上が「タイミング」にかかっている、ということだ。署名キャンペーンを開始するタイミングがあと一日早かったら、もしくは一日遅かったら、ここまでの数は集まらなかっただろう。

また国の意思決定には、世論の動きやメディアの報道、政党の方針や政治家の熱意、官僚の思惑やＮＰＯ・業界団体のロビイングなど、多くの変数が複雑に絡み合っている。「この政治家に声をかけたから変わった」とか「この団体のおかげで変わった」というような、単純な因果関係ではない。どれだけ多くの関係者が尽力しても成果につながらないこともあれば、短期間で劇的に動くこともある。

そう考えると、ソーシャルアクションを成功させる秘訣は、無関心層に届くような形でのエビデンスの蓄積と情報発信を工夫・継続することで「土壌」を耕しつつ、「その時」＝行動すべきタイミングが来たらすぐに動けるよう、準備を整えておく、ということになるだろう。

成功の陰に潜む「怒りのキメラ」

一方で、「性風俗と公助をつなぐ」ためのソーシャルアクションに潜む、大きなリスクも感じた。

署名キャンペーンが終わった後に気づいたことだが、風テラス以外にもいくつかの団体が厚労省宛に要望書を提出していた。その中には、当事者がほとんど参加していない「当事者団体」や、現場での相談支援よりもＳＮＳで他団体を批判・攻撃することに熱心な「支援団体」も見受けられた。

これまで性風俗に関するソーシャルアクションがほとんど起こらなった理由、起こったとしても成果が全く上がらなかった理由は、こうした自称「当事者団体」「支援団体」の活動家たちによる内ゲバやマウンティング合戦だけが延々と繰り返されて、無関心層に届くような形でのエビデンスの蓄積と情報発信がなされてこなかったからである。

性風俗をはじめとした性労働（セックスワーク）の問題は、働くこと・利用することの是非をめぐって論争が生じやすい上に、性差別や職業差別、男女間の経済格差などの非対称性、性的搾取や性暴力被害、フェミニズムやLGBT、性表現の自由など、さながら火薬庫のようにSNS上で炎上しやすい論点が詰まっている。

肯定するにせよ否定するにせよ、性風俗に関する怒りは、ジェンダーとリベラルにまつわる全ての怒りを合成した「怒りのキメラ」*のような存在になりがちだ。

私も学生時代から二十年近く、性風俗に関する議論をウォッチしているが、多くの研究者や活動家がセックスワークをめぐる不毛な論争や中傷・罵倒合戦に没頭して傷つき、病んでいく過程をつぶさに目撃してきた。

今回の休業補償で国の方針が転換された背景には、国に対する怒りがある。言うまでもなく、不当な差別や権利侵害に対して、怒りの声を上げることは極めて重要なことである。しかし、怒りの声を上げること自体が目的化してしまうと、怒りに思考と行動を乗っ取ら

＊ 詳細は、拙稿「SNSで「セックスワーク論争」を燃え上がらせる、〝真犯人〟の正体」（現代ビジネス二〇二〇年八月三十日）を参照。https://gendai.ismedia.jp/articles/-/74874

れてしまう。

これまで性風俗の世界に関心を持っていなかった人たちが動いたことで、国を動かすことができた一方で、コロナ禍における健康不安と経済不安にも後押しされて「怒りのキメラ」に取りつかれてしまう人が増えてしまうのでは……という懸念もあった。その予感は、すぐに現実化することになる。

†岡村隆史「コロナと風俗」発言で大炎上

四月二十三日の深夜、ニッポン放送のラジオ番組「ナインティナイン岡村隆史のオールナイトニッポン」において、リスナーから寄せられた「新型コロナウイルスの影響で性風俗店に行けない」という内容のメールに対して、パーソナリティのお笑い芸人・岡村隆史氏が、「コロナが収束したら、もう絶対面白いことあるんです」「収束したら、なかなかのかわいい人が短期間ですけれども、お嬢（風俗嬢）やります」「短時間でお金を稼がないと苦しいですから」という趣旨の発言をした。

この発言が、四月二十六日にウェブ記事に掲載され、それを社会活動家の藤田孝典氏がヤフーニュース個人で取り上げたことをきっかけに、「生活が困窮して性風俗に女性が流れてくるのを楽しみにするのは異常」「女性蔑視だ」などの批判が集中し、大規模な炎上へと発展した。

翌二十七日、ニッポン放送はホームページ上に「現在のコロナ禍に対する認識の不足による発言、また、女性の尊厳と職業への配慮に欠ける発言がございました」とする謝罪文を掲載した。二十九日には、岡村氏の所属先である吉本興業のホームページ上にも同社及び岡村氏の謝罪文が掲載され、三十日深夜の番組で岡村氏本人が正式に謝罪した。

こうした一連の動きは、NHKや大手新聞社、週刊誌からスポーツ紙、ウェブ記事に至るまで、多くのメディアで報道された。そんな中、一般社団法人Voice Up Japan代表理事の山本和奈氏らは、「女性軽視発言をした岡村隆史氏に対しNHK『チコちゃんに叱られる』の降板及び謝罪を求める署名活動」と題した署名キャンペーンを開始。五月一日までに八千百二十五人の署名を集め、ニッポン放送に提出した。

グラビア女優でフェミニストの石川優実氏は、「#岡村学べ　ナインティナイン岡村隆史さんを起用し、女性の貧困問題やフェミニズムについて学べる番組を制作・放送してください」と題した署名キャンペーンを開始し、三万人を超える署名を集めた。

一方で、署名活動を始めた活動家や、それを擁護する人たちに対する批判も激化した。

岡村擁護派と岡村批判派の対立、あるいは「岡村発言を批判する人たちは、風俗で働く女性を差別している」といった性風俗で働くこと自体の是非を問う論争も巻き起こり、議論は完全に泥沼化していった。

一方で、当事者である性風俗店で働く女性を含め、大多数の性風俗業界関係者は、岡村発言をめぐる一連の報道や論争についてはほぼ無関心であった。ツイッターのタイムラインを見ても、話題に上るようなことはほとんどなかった。

「怒りのキメラ」に取りつかれた人たちがSNS上でいきり立っている最中、風テラスにとっては非常にありがたい出来事が起こった。「ナインティナイン岡村隆史のオールナイトニッポン」のリスナーと名乗る方々が、風テラスに多額の寄付をしてくださったのだ。

「岡村隆史さんのラジオを二十年以上聞いています」
「岡村さんが非難されてばかりで、何も解決していない状況がとてもつらいです」
「岡村さんは、風俗に勤めている方々を長年リスペクトしていました」
「ラジオのパーソナリティとリスナーは、鏡のような存在だと思っています」
「岡村さんと同じく、多くのリスナーも反省しています」

「今回の岡村さんの発言を受けて、私も何か行動したいと思いました」

こうしたメッセージと寄付が、続々とリスナーの方から寄せられた。十万円の定額給付金を、そのまま全額寄付してくださる方も現れた。

怒りだけでは、人は動かない。社会も動かせない。人を動かし、社会を動かしていくのは、怒りを社会性のある形で昇華することによって生み出される、人と人とのつながりに他ならない。

そうしたつながりを活かしながら、目先の怒りに囚われず、SNSの情報に振り回されず、地に足の着いたソーシャルアクションを起こしていける団体であり続ければ、と決意を新たにした。

†署名キャンペーン・第二弾を始める

殺到する相談への対応と署名キャンペーンによるソーシャルアクションを同時進行でやったらさすがに過労死しそうになったので、頼むから当面は何も起こらないでほしい……と願った。しかし、残念ながらその願いは天には届かなかった。

四月二十七日の夕方、顧問をお願いしている税理士法人の担当者から、一通のメールが届いた。

「持続化給付金について、性風俗関連特殊営業を行う事業者が、給付対象事業者から外されました。是非、坂爪様のお力で世の中を変えて頂けると幸いです」

この日、持続化給付金の申請要綱（速報版）が発表された。その中で、風俗営業等の規制及び業務の適正化等に関する法律に規定する「性風俗関連特殊営業」、当該営業に係る「接客業務受託営業」を行う事業者が給付対象外となっていることが判明した。

発表を聞いて、「またか」「もう一度、署名キャンペーンをやらなければならないのか……」と落ち込んだ。「坂爪様のお力で」と言われても、そんな力は私個人にはない。私にできることは、呼びかけ人となって現場と世間の声を集めて、それを国に届けることくらいだ。

持続化給付金は個人事業主に対しては百万円、法人に対しては二百万円が支給される制度であり、金額も対象者も休業補償とは比べ物にならないほど大きい。適正に納税し、法令を遵守して営業している事業者が何の合理的な理由もなく排除される現実を目の当たりにしている中、「性風俗と公助をつなぐ」というミッションを実現するためには、ここで動かないわけにはいかないだろう。もう一度やるか、と腹をくくった。

前回の経験を活かして、その日のうちにChange.orgで署名キャンペーン「持続化給付金の不給付要件から、「性風俗関連特殊営業」事業者を外してください！」を立ち上げた。梶山弘志経済産業大臣を宛先にして、持続化給付金の申請要綱において、性風俗関連特殊営業と当該営業に係る接客業務受託営業を行う事業者を不給付要件から外すことを要望した。

ただ、前回の休業補償のキャンペーンに比べると、ツイッターでの反響は鈍く、署名の集まるスピードも圧倒的に遅かった。

休業補償では水商売を含めた全ての風俗営業で働く個人が対象外になり、それゆえに多くの人々の関心を集めることができた。しかし今回の持続化給付金では、性風俗関連特殊営業の事業者のみが支給対象外になったため、世間の同情や関心はそれほど高まらなかった。むしろ「支給対象外になって当然」という声もあった。

水商売については、一般社団法人日本水商売協会が「接待飲食店におけるコロナウィルス対策ガイドライン」の策定をはじめ、様々な広報活動やロビイングを行っていたが、性風俗業界には、そのようなソーシャルアクションを実践できる業界団体は存在しない。業界としてコロナ対策の統一ガイドラインを策定することもできなければ、記者会見などの広報活動もできない。ロビイングをできるような力もない。動けるのは、私たちのような支援団体だけだ。

前回の教訓を活かして、まず四月二十七～二十九日の三日間で集まった署名＝約千名分を、経済産業省に郵送で提出した。メディアに対する広報活動も同時に行い、五月四日の信濃毎日新聞にて、持続化給付金の問題と署名キャンペーンを取り上げてもらった。

†みんなの信じたい情報だけが拡散される

性風俗事業者が持続化給付金の支給対象外になったことを受けて、性風俗店で働く女性たちの間では、「女性個人は支給対象になるのかどうか」という不安が急速に広まった。その不安に乗じる形で、根拠の不確かな情報やデマがツイッターで拡散されることが続いた。

前述の通り、持続化給付金の申請要領では、風営法に規定する「性風俗関連特殊営業を行う事業者」と、その営業に係る「接客業務受託営業を行う事業者」が支給対象外になっている。判断のネックになるのが、申請要領にある「接客業務受託営業を行う事業者」に女性個人が該当するのかどうか、という点だ。

風営法（第二条13）によると、ソープやヘルスなどの店舗型性風俗店は「接客業務受託営業」に入るが、デリヘルなどの無店舗型性風俗店は入っていない。申請要領を文字通りに解釈すれば、デリヘルで働いている女性はもらえるが、ソープとヘルスで働いている女性はもらえない、というよく分からないことになる。

経産省のコールセンターに問い合わせても、電話自体がつながらない。情報が錯綜する中、「セックスワーカーの女性は持続化給付金をもらえます！」という根拠の不確かなツイートが、あたかも公的な事実であるかのように大量に拡散され、「本当なんですか？」という問い合わせが風テラスに殺到した。

風テラスのツイッターでも、持続化給付金に関する根拠の不確かな情報を信じないようにという警告を発したが、そうしたツイートはほとんど拡散されない。

SNS上では、正確な事実よりも「みんなの信じたい情報」が拡散される傾向にある。そうした中で、発信者も自分のツイートが大量にRTされることで得られる快楽の虜になってしまい、事実を「みんなの信じたい情報」に加工・編集して流すようになる。

こうした歪みの中で、そもそも持続化給付金がどのような制度なのか、申請には何が必要なのか、といったことが伝わらず、ただ「性風俗で働く女性も百万円もらえる」という「みんなの信じたい情報」だけが独り歩きしていった。これが後に、夜の世界から持続化給付金申請代行詐欺の被害者が大量に生み出される土壌になった。

五月十二日、中小企業庁は、参院財政金融委員会における日本維新の会の音喜多駿氏への答弁にて、性風俗業界で個人事業主として働く人も持続化給付金の支給対象になるとの見解を明らかにした。

これにより、性風俗店で働く女性は持続化給付金を受けられる、ということになった。しかし、あくまで中小企業庁が「見解を明らかにした」だけであって、具体的に申請要領の中で「女性個人は支給対象になる」と明文化されたわけではない。持続化給付金事務局のコールセンターでは、引き続き「女性個人も対象外です」と説明されるなど、現場との対応のズレが続いた。税理士などの専門家の間でも「女性個人がもらえるかどうか」については、判断が分かれた。

こうした中で、第二章で述べたような持続化給付金申請代行詐欺の業者がＬＩＮＥやインスタ上に跋扈し、多くの女性が高額の手数料と個人情報を抜き取られる被害に遭うことになった。風テラスには、「個人情報を悪用されたらどうしよう」「不正受給で摘発されたらどうしよう」という不安に怯えた女性たちからの相談が殺到した。

†「不都合な真実」をどう伝えるか

持続化給付金に関するソーシャルアクションを行う上でネックになったのは、確定申告の問題だ。性風俗で働く女性が個人事業主として持続化給付金を申請するためには、昨年分の収入の確定申告を行っている必要がある。

しかし、実際に確定申告を行っている女性は、業界では圧倒的に少数派である。意図的に脱税をしようとしているわけではなく、そもそも確定申告自体が何のための手続きなのかすら分からない、という女性も多い。

風テラスにも、「ずっと親の扶養に入りながら、風俗のお仕事で稼いでいました。税金も国民健康保険料も年金も一切払っていないけれど、持続化給付金は欲しいです！」という相談が全国各地から寄せられた。

さすがにこうした現状をそのまま世間に出したら、「性風俗は支給対象外になって当然だ」と大バッシングになりかねない。コロナの影響で誰もが殺気立っている状況、どこからどんな球が飛んでくるか分からない状況の中で、こうした「不都合な真実」の伝え方に配慮しながら情報発信を行うのは、非常に骨の折れる作業だった。取材や広報活動においても、性風俗で働く女性に対する偏見やスティグマを強化するような情報発信を避けつつ、自己責任として受け取られるような回答はしない、ということを心掛けた。

相談員の間でも「コロナの前に、もっと確定申告に関する啓蒙活動をやっておけばよかった……」という反省の声と、「アフターコロナの世界では、確定申告の実施を勧めるキャンペーンをやりましょう！」という決意の声が上がった。

†打ち手が無くなり、行き詰まる

五月十一日の参院予算委員会で、立憲民主党の石橋通宏氏が持続化給付金で性風俗業が対象外となっていることについて、「職業差別だ」として見直しを求めた。

翌日の十二日、石橋参議院議員を通して、これまでに集めた千八百七十一名分の署名を中小企業庁の長官官房総務課長に提出した。支援団体としてできることは、ここまでだ。

二十二日には、衆議院の経済産業委員会において、立憲民主党の本多平直衆議院議員が、持続化給付金からラブホテルなどの性風俗事業者が排除されている問題について、質問を行った。

本多議員の質問に対して、梶山弘志経済産業大臣は「業種や要件についてさまざま声が届いているが、風営法で定義されている性風俗関連特殊営業については、災害対応も含めて一貫して公的金融支援や国の補助制度の対象としてこなかったことを踏襲している」と答弁した一方で、「支給対象外としているが、対応が可能かどうか検討を進めている。五月初めから検討の俎上には乗っている」と回答した。

これでなんとか国の方針が転換されるのではないか……という期待を抱いたが、それ以上、議論が進展するような動きは起こらなかった。

共同通信や朝日新聞の地方版、BLOGOSでも持続化給付金に関する記事を出してもらったが、国が方針を変えることはなかった。

五月二十五日、徳永エリ参議院議員が持続化給付金等の支給対象から性風俗関連特殊営業が除外されていることについて質問主意書を提出した。「政府のいう「社会通念上」とは、具体的にどういう考えなのか」「国民の理解が得られないという点は、何を根拠にそう主張されるのか」「事業者が反社会的勢力と結びついているという統計的な事実があるのか」「納税を行っている事業者を除外することは、憲法違反なのではないか」「性風俗関連特殊営業に従事する個人は給付対象となる一方で、事業者は対象外になるという非対称的な運用に妥当性や論拠はあるのか」といった問いに対して、政府は「お尋ねの趣旨が明らかではないため、お答えすることは困難である」という木で鼻をくったような回答をしただけで、明確な回答は何一つ出されなかった。

答弁書には、これまでと同じように、「災害対応も含めた公的な金融支援及び国の補助制度の対象外としてきたことを踏まえ、その申請開始に当たって給付の対象外としたところである」と記載されていただけだった。

都道府県の中には、地元の事業者に対して独自の経済対策を始める地方自治体も出てきたが、支援金の対象を原則として「国の持続化給付金を受けた事業者」となっていたため、性風俗事業者は地元の支援制度からも除外される、という事態も生じ始めた。*

六月十五日、行政書士の佐藤真氏が立ち上げた「ナイト産業を守る会」が中小企業庁に対して抗議の申し入れと署名の提出を行った。申し入れには立憲民主党の尾辻かな子議員、本多平直議員、共産党の田村貴昭議員が同席した。

性産業に関わる事業者も経営が苦しい中で、持続化給付金の対象から外されることは

「職業差別」であると訴え、そこで働く人を守るためには事業者を救済する必要があることを強調したが、中小企業庁の担当者はこれまでの政府の答弁と同様、「過去の政策との整合性がとれない」という点を繰り返しただけだった。

†集団訴訟という選択肢

署名キャンペーンでも、メディアを使った広報でも、ロビイングでも、国を動かすことはできなかった。これ以上同じことを繰り返しても、SNSで発信を続けていても、打開策にはならないだろう。

他になんとか手段はないものか…と考えあぐねていた時、「集団訴訟」というアイデアが閃いた。持続化給付金の支給対象外になった全国の性風俗関連特殊営業の事業者＝ソープ、ヘルス、デリヘル、ストリップ、ラブホテル、個室ビデオ、アダルトショップの事業者で原告団を作って、業界を挙げて集団訴訟を起こせば、大きなソーシャルアクションに

＊　朝日新聞デジタル「（和歌山）県の支援金「風俗業は対象外」　識者「偏見」」（二〇二〇年五月二十九日）https://www.asahi.com/amp/articles/ASN5X76VSN5GPXLB008.html

なるのではないだろうか。

前述の通り、性風俗関連特殊営業については、ラブホテル（レジャーホテル）業界を除いて、全国の事業者が加盟しているような業界団体が存在しない。業界が窮地に立たされている時も、社会に向けた情報発信や政策提言、権利擁護のためのアクションを起こすことができない。

そうした中で、性風俗業界の業界団体を作る……とまでは行かなくても、ピンチの時に団結することができた、という前例を作ることができれば、業界の未来、そして働く人たちの権利擁護にとって、大きなプラスになるはずだ。

一方で、私自身はあくまで支援団体側の人間であり、事業者ではない。そのため原告になることはできないし、部外者の立場から訴訟を呼びかけるのもおこがましい話だ。事業者が団結するか、そして集団訴訟を起こして戦うかどうかは、あくまで事業者＝業界の問題であり、私のような支援団体側の人間が口を出すようなことではない……とも感じた。

だが、性風俗が公助から排除されている状態を、このまま延々と放置してよいとも思えない。風テラスの目標の一つは、「性風俗で働くリスクを減らす」ことだ。このリスクには、性暴力被害や性感染症などの身体的なリスクだけではなく、「福祉や行政の制度につながりづらい」という社会的なリスクも含まれている。

法令を遵守し、適正に納税を行っている事業者であっても前例主義に基づき公助から排除するという国の対応は、社会的なリスクをいたずらに増大させるだけであり、性風俗事業者はもちろん、そこで働く女性たち、そして社会にとってもマイナスにしかならない。

集団訴訟という選択肢を提示すること、そして事業者の中で戦いたい人がいたら、全力でバックアップすること。この二つを行うことであれば、支援団体として越権行為にはならないはずだ。そう決意して、風テラスの弁護士に集団訴訟の企画を提案してみた。

†「勝てるかどうかは分からない」訴訟？

合理的な理由なく持続化給付金の支給対象から性風俗事業者を排除することは、どう考えても憲法違反にしか思えない。訴訟を起こせば、まず間違いなく勝てるだろう、と私は考えていた。

しかし、風テラスの弁護士からは「勝てるかどうかは分からない」と言われ、驚いた。行政の裁量権や社会通念の問題があり、勝つのは容易ではない、とのこと。

そして国を相手にする訴訟なので、最高裁まで行く可能性＝訴訟が長期化する可能性が高い。必然的に、弁護士費用をはじめとする訴訟費用も高額になる。

持続化給付金で事業者に支給される金額は、個人事業主は最大で百万円、法人は最大で二百万円である。多くのデリヘルやソープの事業者にとって、百万円程度の金額では、一カ月分の宣伝費や求人広告費用にすらならないケースも多い。

その程度のお金のために、最高裁で判決が出るまでの数年間、数百万円もの費用をかけて、世間からバッシングされるリスクや身バレのリスクを背負ってまで裁判をやるのは、全く経済合理性に合わない。持続化給付金の百万円がなければ潰れる、というようなお店は、そもそも百万円があっても潰れる。

自店舗の利益のためではなく「業界の未来のため」という抽象的極まりない理由で、勝っても負けても赤字にしかならない訴訟に踏み切れる事業者が、果たしてどれだけいるのか……という懸念が湧いた。

これまでの署名キャンペーンについても、事業者の反応はかなり冷ややかだった。国の対応について、SNSで批判の声を上げている事業者は決して多数派ではなかった。私たちのような支援団体が「業界のため」「働く女性のため」と称して行うソーシャルアクションに対しても、「余計なことをやるな」「目立っても、後で叩かれるだけだ」という事業者の声が、ツイッター上であちこちから漏れ聞こえてきた。

いずれにせよ、やってみなければ分からない。七月十日、同月十四日から開始される家賃支援給付金も、性風俗関連特殊営業の事業者は給付対象外になることが発表された。このタイミングに合わせて、集団訴訟の原告募集の告知を開始した。

〈国に対する集団訴訟・原告になりたい方へのご案内〉

持続化給付金も家賃支援給付金も、法令を遵守し、適切に納税を行っている事業者であっても、「性風俗だから」という不合理な理由で給付対象外になっています。

こうした状況を打開するために、全国各地の事業者で原告団を作り、国に対する集団訴訟を行うことを検討しています。

今回の新型コロナのような、人命に関わるような社会的危機が発生した場合にも、何の合理的な根拠も示されないまま、特定の職種で働く人たちが一方的に排除されてしまう、ということは、明白な人権侵害・憲法違反であり、決して看過できないものであると考えます。

こうした状況を放置しておけば、「どうせ国からは何もしてもらえないのだから、税金なんて納めなくてもいい」「法律を守らない方が有利だ」という風潮が広まり、業界の健全化はますます遠のいてしまいます。この業界で働く人たちの権利と未来を考える上で、「仕方がない」「どうしようもない」と言って諦めるべき案件ではない、と考えます。

今こそ、一方的に裁かれる側・叩かれる側であり続けてきた性風俗業界が、国に対して異議申し立てをするべき時ではないでしょうか。

〈原告の条件〉

適正に納税をしており、各種法令を遵守して営業しているにもかかわらず、「不給付要件に該当する」という理由で持続化給付金・家賃支援給付金を給付されなかった性風俗事業者（個人の方も含む）で、訴訟の目的及び趣旨に賛同してくださる方。全国どこからでもご参加可能です。

訴訟費用は、原告団を立ち上げた後に、原告団主催のクラウドファンディングを実施して集める予定です。八月七日（金）十八時〜に、訴訟の手順・見通し・費用等に関するオンラインの説明会を開催いたします。実際に訴訟に参加するか否かは、説明会の参加後に決定して頂く形で問題ありません。

長い時間のかかる裁判になる可能性はありますが、「原告として集団訴訟に参加したい」「まずは詳しい話を聞いた上で、検討してみたい」という事業者・個人の方がおられましたら、ご一報いただけると幸いです。

呼びかけを行った後、全国から「集団訴訟の説明会に参加したい」という申し込みが入ってきた。最終的に、ラブホテル経営者、ストリップ劇場、デリヘルグループ、派遣型リフレ、エステなど、多種多様な業種の事業者から申し込みがあった。

†弁護士チーム会議、始動

七月十七日、風テラスの弁護士チーム（浦崎寛泰弁護士・徳田玲亜弁護士・三上早紀弁護士・坪内清久弁護士）がオンラインで集まり、原告団の構成と集め方、弁護士費用の設定やクラウドファンディング、今後のスケジュールや訴状の中身について議論した。

坪内弁護士「持続化給付金については、参議院の答弁でも、明確な根拠はない＝事実上の慣習ということで不支給になっているんですよね。

今後訴訟をする上で必要なアクションとしては、議員を巻き込むかどうかを決めた上で、そもそもなぜ風俗営業が歴史的に災害等の場合においても支給されていなかったのかなどの調査を、原告の確定後にしなければならないと思います」

徳田弁護士「もし議員を巻き込むのであれば、根回しは早い段階でやった方でいいでしょうね」

浦﨑弁護士「政府の木で鼻をくくったような答弁をみても、結局「今までも除外してきたので、今回だけ対象にするのは整合性がとれない」というのが、担当者レベルの本音なんだろうと思います。それ以外の理由付けができないのでしょう」

三上弁護士「六月二十五日に判決が出た生活保護基準引下げ処分取消等請求訴訟*では、「政策決定にあたって国民感情を考慮することができる」旨の判決がなされましたから、今回の訴訟も、判決結果によっては、逆に「性風俗事業者は国の支援の対象外でよい」という国民感情にお墨付きを与えかねないリスクもあると思います」

今回の集団訴訟は、ソーシャルアクションとしての側面が強い。その点を踏まえて、弁護士チームから二つの提案が出された。

一つ目は、弁護士を前面に出さないこと。集団訴訟で弁護士が前面に出てしまうと、訴訟費用を集めるため＝弁護士が儲けるため、知名度を上げるためにやっているのでは、と批判される恐れがあるので、あくまで原告団を支える代理人、裏方として関わりたい。そもそも原告ではなく弁護士が前面に出る訴訟は、印象が悪い。

二つ目は、支援団体＝風テラスの存在も前面には出さないこと。あくまで事務局的な立場から原告団を支える形で関わっている、という体にした方がいい。

確かに、今回の訴訟は国を相手にした公共訴訟なので、メディアの注目が集まることは間違いない。その中で、訴訟自体が特定の弁護士のプロモーション（広告宣伝）のように

＊ 二〇一三年八月以降の生活保護費の引き下げは憲法違反であるとして、愛知県内の生活保護受給者が自治体と国に引き下げの取り消しなどを求めた訴訟。二〇二〇年六月二十五日、名古屋地裁で判決が言い渡され、裁判長は原告の請求を棄却。生活保護費の引き下げは「国民感情や国の財政事情を踏まえたもの」であるとし、原告の主張は採用することができないとしている。令和二年六月二十五日名古屋地方裁判所判決／平成二十六年（行ウ）第83号、平成二十八年（行ウ）第60号

なったり、特定の支援団体のプロパガンダ（イデオロギーの宣伝）になるようなことは避けたい。

原告＝全国の事業者のための訴訟ではなく、弁護士のための訴訟、支援団体のための訴訟と捉えられてしまったら、ソーシャルアクションとしては完全に失敗である。弁護士や支援団体を前面に出さないことについては、必要かつ正しい戦略だと感じた。

一方で、前面に出ることのできる事業者＝原告がそもそも存在するのか、という一抹の不安もあった。

†オンライン説明会

八月七日、風テラスの弁護士によるオンライン説明会を開催した。まず私から、参加者の方々に対して今回の訴訟の目的を説明した。当たり前といえば当たり前だが、事業者のほとんどは、純粋にビジネス＝生活の糧として性風俗関連特殊営業を営んでいる。特定の政治的信念に基づいて経営をしているわけではない。

そのため、「職業差別」「人権侵害」「憲法違反」といったワードは極力用いず、あくまで事業者としての利益を確保するための訴訟、業界の利益を最大化するための訴訟、という点に重きを置いて説明を行った。

坂爪「現在の社会における性風俗は、ブラックでもホワイトでもないグレーゾーンに位置しています。法的・社会的に完全なホワイトな存在にすることは難しいですが、ビジネスとしての利益、そして業界で働く人たちの安心・安全を確保するためには、ホワイトに近いグレー＝「社会性のあるグレー」の立ち位置をキープする必要があります。

これまでの性風俗業界は、とにかく目立たないことを最優先してきました。確かに、公の場での露出を避けて、お上のいうことには逆らわず、理不尽な扱いを受けても反論しないことが、業界の利益を最大化することにつながった時代もありました。

しかし、現在の業界は、社会とコミュニケーションをとることが利益の最大化につながる時代へと移行しています。SNSや動画を通して業界内外に情報を発信することが、求人や宣伝の必須条件になっています。国の方針に対しても、理不尽な扱いに対しては、現場から「NO」という声を上げることが、結果的に業界の利益の最大化につながるはずです。

「社会性のあるグレー」を目指すためには、「いかなる場面でも、公的金融支援や国の補助制度の対象にはならない」という状態から、少なくとも「社会危機や災害時には公的金融支援や国の補助制度の対象になる」という状態に持っていく必要があります。今回の訴訟は、そのための第一歩になる、と私は考えます。原告として戦いたいという方がおられたら、支援団体として全力で応援します」

続いて、弁護士チームが今回の訴訟の見通しを説明した。国が性風俗関連特殊営業の事業者を持続化給付金の支給対象外としたことが憲法十四条（法の下の平等）に違反すると判決で認定されれば、支給を認めさせることは可能である。

一般論として、行政が公的な給付を行う場合、合理的な理由なく一方の者には支給して他方に対しては支給しない、ということは許されない。憲法十四条に基づいて、平等の取り扱いをしなければならない、とする裁判例は存在する。

しかし、性風俗関連特殊営業の事業者が公的な給付から除外されていることについては、裁判で争われたこと自体がおそらくない。国会の場ですらも、「これまでもそうしてきた」「社会通念」「国民の理解が得られない」という抽象的な説明のみで、除外が正当化されてきた。行政が決めた一方的なルールが「前例」となり、これまで一度も司法の場で争われずに積み重なってきてしまっていることの弊害だと言える。

訴訟を起こした場合、国からは「社会通念上、公的資金による支援対象とすることに国民の理解が得られにくい」という反論が返ってくることが予想される。そうなると、実態のよく分からない「社会通念」や「国民の理解」、そして行政の裁量権という壁との闘いになる。

そうした壁との闘いに勝ったとしても、訴訟にかかる手間やコストと、勝訴した場合に得られる給付額は釣り合わない。最高裁判所まで争えば、判決が出るまで数年単位の時間がかかり、訴訟費用もトータルで数百万円規模になる可能性が高いので、仮に勝っても確実に赤字になる。

訴訟をやるのであれば、集団訴訟という形にして、原告をたくさん集めるという方法がある。訴状をはじめとする裁判所に提出する書面は共通部分があるので、一定の範囲でコストをシェアできる。しかし、原告団を形成するためのネットワーク作りが大変になる。

また、不特定多数の人から資金を募るクラウドファンディングで訴訟費用を集めるという選択肢もある。この場合、原告は一人でも訴訟は可能だ。しかし、クラウドファンディング自体の負担＝告知ページの準備、ＰＲ、取材対応、リターンの発送事務などが発生する。

このように訴訟の見通しを説明した後、参加者との質疑応答を行った。

†事業者との質疑応答

事業者A「私のお店では、違法な行為は何もしていません。しかし集団訴訟をする場合、原告の中には、違法行為に関して疑わしい方も混じってしまうのではないでしょうか。裁判では、そうした点を突っ込まれるリスクがあるのではないでしょうか」

弁護士チーム「今回の訴訟では、国が持続化給付金の支給対象から性風俗関連特殊営業の事業者を排除していることの是非を問う裁判になりますので、個々の原告が違法行為をしていないのかどうかは、そもそも審査の対象になりませんし、審査の対象にしてはいけません。

　個別の違反に対しては既にペナルティがありますし、性風俗関連特殊営業自体は違法ではありません。この訴訟では、合法であるはずの性風俗関連特殊営業の事業者を一律排除したことについて争っていきます」

事業者B「今回性風俗事業者が支給対象外とされてしまったことはとても悔しいので、訴訟に参加したいです。しかし、軍資金がどこまで用意できるかわかりません」

弁護士チーム「原告や弁護士の人数、意見書を作成してもらう専門家への依頼の有無によって費用は変わってきます。費用を抑えて戦っていくのか、それともコストをかけて徹底的にやるのか、色々な戦い方がありますので、手を挙げてくださった方たちと打ち合わせを重ねていきたいと思います」

事業者C「最初は「裁判やったら勝てるだろう」と思っていましたが、弁護士の方のお話を聞いて、勝てるかどうか不安になりました。行政裁量を持ち出されると勝てないのでしょうか」

弁護士チーム「行政裁量を持ち出せば、何でも認められてしまうというわけではありません。行政裁量は、あくまで憲法に違反しない範囲で可能です。前例があれば「ここまでは行政裁量として認められるが、ここからは憲法に違反しているのでアウト」と判断できるのですが、前例がないので、こちらも裁判官がどう判断するか分かりません。したがって、勝ち負けについては、正直なところ「分からない」としか言えません」

事業者D「費用に見合う対価が出せないので、難しい……と感じました。正当に法を遵守して経営しているのに、悔しいです」
弁護士チーム「短期的な利益はマイナスになるかもしれませんが、今後の業界のことを考えるとここで声をあげる必要があるのではないでしょうか。今後また同じような給付金が始まった際に、今回声を上げないと「前回も性風俗事業者を除外しても何も言われなかったから、今度も同じように除外しよう」という決定が続いてしまうことが予想されます」

約一時間で、オンライン説明会は終了した。前例自体が全くないために説明や回答が難しい部分もあったが、訴訟の見通しとこちらの思いは参加者にきちんと伝わったのでは、という実感はあった。

三上弁護士「やはり皆さん「裁判をやれば勝てる」という認識があったようですね。今日の説明会を経てもなお「やりたい！」と言ってくださるのは強い思いのある方だと思うので、そういう方がおられたら、ぜひ一緒に訴訟に取り組みたいですね！」
浦﨑弁護士「悲観的な情報が多くなってしまいましたが、元々かなり見通しが厳しい訴訟で、しかも「社会通念」や「国民の理解」という得体の知れない壁を突破して奇跡的に勝利するには、表舞台で戦う相当の覚悟をもった原告でないと難しいと思いますので、とりあえずはこれくらいでよかったのではないかと思っています。

それにしても、オンラインはやりにくいですね。これまでいくつかの原告団・弁護団事件に関わってきましたが、立場を超えた信頼関係や、大きな壁を突破しようとする一体感は、飲食を共にするなど、場を共有して交わらないと醸成するのは難しいなと思いました。オンラインではそういった「場の力」がほぼゼロなので、もし手を上げてくれる人がいたら、やはりどこかで一度はお会いしてお話をしたいなあと思います」

†原告希望者が名乗り出る。しかし……

説明会の後、数名の事業者の方より「原告として戦いたい」「費用面で折り合いがつけば、参加したい」という申し出があった。

原告希望の方から、「業界の健全化が目的なので、実際に持続化給付金がもらえる・もらえないは気にしていない。原告として顔を出す分には構わないが、訴訟費用は出せない。そして、できれば一人ではやりたくない」という申し出を受けたので、クラウドファンディングで訴訟費用と原告希望者を並行して集めることになった。

弁護士チームによれば、「とりあえず百五十万円あれば動き出せる。できれば年内に訴訟提起に漕ぎ着きたい」とのことだったので、十月中旬から十一月末の間にクラウドファンディングを実施して、十二月中に提訴する形で動くことにした。

集団訴訟の開始に向けて動き出したものの、私は今一つ釈然としなかった。原告として名乗り出てくださる方がおられるのは、非常に有難い。訴訟費用についても、事業者の経営判断として合理的に考えれば、出せない（出さない）ことは至極当然である。持続化給付金を申請できるのは、コロナの影響で売り上げが前年比で五〇％以上減った事業者に限られるので、原告になれる事業者は、そもそもお金に余裕がない。

しかし正直なところ、費用を出せる事業者、出したいという事業者が誰もおらず、クラウドファンディングで資金調達をしなければいけない時点で「負け」なのでは、と感じた。

性風俗産業は、決してお金のない人たちの集まっている世界ではない。市場規模は少なく見積もっても数兆円を超える。他の業界と同様に、高級車を毎年のように買い替えている経営者、愛人を多数抱えている経営者、キャバクラで毎晩豪遊している経営者もたくさんいる。仮に訴訟費用がトータルで五百万円かかるとしても、その程度の金額は、一人の経営者が数カ月キャバクラ通いを我慢するだけで、あるいは車の買い替えや愛人への投資を控えたりするだけで、簡単に捻出できるはずだ。

数兆円規模の業界の未来を賭けた訴訟で、限りなくボランティアに近い費用で動いてくださる弁護士チーム、そして完全無報酬でバックアップする支援団体がいる中で、今回の訴訟で一番利益を享受することのできる事業者が誰一人としてお金を出さない……というのは、果たしてソーシャルアクションと呼べるのか。単なる支援団体の自己満足なのではないだろうか。仮に訴訟を起こして勝ったとしても、それは業界にとって本当に意味があるものなのだろうか……。どうしてもモヤモヤが晴れなかった。

†ソーシャルアクションの不可避性と不可能性

そんな中、八月二十七日の朝に、持続化給付金と性風俗に関する訴訟のクラウドファンディングが開始された、という情報が飛び込んできた。完全に寝耳に水だったので、「自分たちの他にも、集団訴訟を考えていた人がいたのか」と驚いたが、集団訴訟ではなく、原告一名での訴訟であった。

同じ内容の訴訟に関するクラウドファンディングを後発で立ち上げても、資金は集まらないだろう。先行して訴訟が行われるのであれば、あえてこちらで全く同じテーマで集団訴訟を行う意味はないのではないだろうか。

弁護士チームと協議した結果、「社会運動や支援団体間での内ゲバの結果として、全く同じテーマの集団訴訟が別々の弁護団で行われることがあるが、そうした訴訟はあまり良いイメージがない」「最終的には原告となる事業者の意向次第になるが、訴訟費用を自己負担したくない、という事業者しか集まらないのであれば、こちらで別働隊を組織する意義は乏しい」ということになり、集団訴訟の企画はいったん中止、ということになった。

せっかく原告希望の方が名乗り出てくださり、弁護士チームもこれまでの判例や文献の調査など、かなりの時間を割いてくださっていた中で、中止になるのは非常に心苦しかったが、やむをえない。本業である日々の相談支援に改めて力を入れていこう、ということになった。

集団訴訟の企画が頓挫したことで、性風俗事業者の連帯の難しさを改めて感じた。

性風俗事業者の文化は、端的に言えば「自己利益の最大化」である。自店舗やグループの利益を最大化することが最優先事項であるため、「業界全体の利益」という視点や発想そのものがない。今回のコロナ禍においても、これだけ業界が追い詰められても、全国のソープランドやデリヘルの事業者が協力し合い、団結して署名キャンペーンやロビイングを行うようなことは、一切起こらなかった。全国に三万を超える事業者がいるにもかかわらず、だ。

そして大半の事業者は、差別や人権の問題については、何の関心も持っていない。むしろ「自分たちの仕事は、差別されて当然」と考えている人も多い。

そもそも性風俗の仕事については、長年続けていくことを前提とした「職業」ではなく、一攫千金のため、あるいは生活の糧を得るための一時的な「手段」として捉えている人が圧倒的多数である。新しく入店した女性に対して、「目標金額を貯めたら、すぐに卒業した方がいい」「一日も早くこの仕事を卒業できるよう、一緒に頑張ろうね」と伝える店長も多い。人材の流動性も極めて高く、毎日のようにキャストや内勤は入れ替わる。昨日までお店にいた人が「飛ぶ」＝音信不通になってやめるのは、日常茶飯事である。

そして多くの業種では、経験よりも素人性が重んじられるため、「業界未経験」「新人」の女性に人気が集まる。経験と収入が反比例するような環境では、職業意識が芽生える確率は限りなくゼロに近い。

性風俗の世界で働く女性を公助につなぐためには、ソーシャルアクションを起こし続けるしかない。しかし、事業者同士で団結することができず、そもそも職業としての意識を持っていない人、持ちようがない環境にいる人が大半であるのならば、「職業差別」に抗うために「業界」で団結してソーシャルアクションを起こすことはできない。

四月からの約半年間、署名キャンペーンと集団訴訟への挑戦と挫折を通して、この「ソーシャルアクションの不可避性と不可能性」という壁に直面し、「性風俗を公助につなぐ」ことの難しさを改めて痛感することになった。

†訴訟「だけ」では社会は変わらない

壁にぶつかってモヤモヤしている中、新潟風テラスの相談員チームで、参議院議員で弁護士の打越さく良さんの事務所にお伺いして、コロナ禍における女性支援の現状と課題について、意見交換をする機会があった。

集団訴訟の話になった際、打越さんは「私は司法の限界を感じて議員になった」と語った。弁護士として夫婦別姓訴訟や医学部入試における女性差別問題など、数々の訴訟に関わってこられた打越さんの言葉には重みがあった。

「司法の限界」という言葉を聞いて、訴訟では、いや、訴訟「だけ」では社会は変わらない、という当たり前の事実に気づかされた。確かに訴訟という手段は、ソーシャルアクションとしては、極めてコストパフォーマンスが悪い。結果が出るまでには何年もの時間がかかり、その間にも、生活に困窮する女性たちは生み出され続ける。仮に数年後に勝ったとしても、それによって性風俗の世界で働く女性たちに給付金が支給されるようになるわけでもない。

性風俗を公助につなぐための打開策を求めるあまり、自分は集団訴訟という手段に囚われすぎていたのかもしれない……と反省した。

そうした中で、ある疑問が芽生えた。そもそも性風俗の世界は、本当に「業界」なのだろうか。

これまで述べてきた通り、この世界には事業者同士のつながりがほとんどなく、当事者意識や職業意識を持っている人も少ない。にもかかわらず、有史以来、決して消えることなく、社会の中で自律的に存在し続け、様々な影響を及ぼしている。その影響力は、社会や個人にとって厄災にもなれば、ある種の救いになることもある。

そう考えると、性風俗は、業界というよりも、むしろ台風や地震のように、それ自体は目的や意志を持たない「現象」に近いのではないだろうか。性風俗の世界で働く人たちは、言い換えれば、性風俗という「現象」に巻き込まれた人たちなのではないだろうか。

性風俗の世界で働くことを選んだ女性は、性風俗に「落ちた」と表現されることがある。一方、意識の高い女性の中には、この世界に「落ちた」のではなく「飛び込んだ」という表現を使う人もいる。「落ちた」という受動的かつネガティブな表現とは異なり、「飛び込んだ」は主体的かつポジティブな表現である。

ただ現実は、「落ちた」でも「飛び込んだ」でもなく、気がついたら「巻き込まれていた」という人が大多数なのではないだろうか。

現象には、法律もイデオロギーも通用しない。いくら法律を作っても自然現象は止まらないし、どれだけ高邁なイデオロギーを唱えても、社会現象を完全にコントロールすることは難しい。

性風俗を「職業」でも「業界」でもなく、「現象」として捉えることによって、「ソーシャルアクションの不可避性と不可能性」という壁を突破するための方法が見えてくるのではないだろうか。モヤモヤの中で、かすかな光明が見えた気がした。

第一章で述べた通り、コロナ禍においては、風テラスが性風俗店で稼げなくなった女性たちの受け皿の役目を果たした。一方で、風テラス以外にも、性風俗店で稼げなくなった女性たちの受け皿になっていた場所がある。

それは、繁華街の路上である。コロナの影響で性風俗による収入を失った女性たちの一部は、「行政や支援団体に相談する」のではなく、「路上に立って客を取る」＝街娼として売春を行う、という選択肢を取った。

コロナ禍の中で、風テラスに相談することを選んだ女性たちと、繁華街の路上に立つことを選んだ女性たち。コインの裏表のような彼女たちの姿を比較することによって、性風俗を公助につなぐためのヒントが、よりはっきりと見えてくるはずだ。

次章では、コロナ禍の歌舞伎町の路上で客を取る「立ちんぼ」＝街娼の女性たちに対する支援の現場を描いていく。

第四章　歌舞伎町に立つ

†緊急事態宣言下でも、路上に立ち続ける女性たち

新宿・歌舞伎町の一角には、「立ちんぼ」や「街娼」と呼ばれる、路上で売春の客待ちをする女性たちの集まるエリアがある。二〇二〇年四月に緊急事態宣言が発出された直後も、そのエリアには客待ちをする女性たちが立ち続けていた。

路上での客待ちや勧誘は、売春防止法第五条で禁止されている、れっきとした違法行為である。悪意のある客から性暴力やストーカー、盗撮や盗難の被害に遭うリスクも大きい。性風俗店に在籍して働くことに比べると、安全面でも収入面でも、路上に立つメリットはほとんどないように思われる。

なぜ彼女たちは、コロナの渦中に歌舞伎町の路上に立つという選択をしたのか。そして、路上に立ち続ける彼女たちを公助につなげるために必要な支援の在り方とは何か。緊急事態宣言下の歌舞伎町で夜回りを実施していた数少ない支援者の一人である、NPO法人レスキュー・ハブの坂本新《あらた》さんにお話を伺った。

坂本「緊急事態宣言が出た直後の歌舞伎町は、飲食店のネオンや街灯が消え、正面玄関であるセントラルロードやTOHOシネマズ（旧コマ劇場）前の広場もこれまでにない暗さで、通行人もほとんどいませんでした。濃厚接触が禁忌とされている社会情勢の中で、さすがにこの時期に路上に立っている女性たちはいないだろう……と思っていたのですが、いました。それどころか、日を追うごとに、新顔の女性が立つようになっていきました」

人身取引の被害者を支援する団体の職員だった坂本さんは、二年前から都内の繁華街で夜回りを行っている。ガールズバーの前で客引きをする若い女性や、ホテル周辺の路上で客待ちをしている女性たち一人一人に声をかけ、彼女たちの声に耳を傾ける。一定の信頼関係を作った上で、必要に応じて警察や弁護士、役所や病院、民間の支援団体やシェルタ

歌舞伎町・旧コマ劇場前の広場

ーなどの窓口につなぐ、という草の根の支援を続けている。

コロナの影響が強まって以降、坂本さんは、女性たちへの声掛けの際に、個包装したマスクを手渡すようにしている。そのマスクには、お金や住まいで困った時、性暴力の被害に遭った時に相談できる連絡先が記されたカードが添付されている。

四月に緊急事態宣言が発出された直後の歌舞伎町は、人通りが途絶え、無人の街のように静まり返っていた。そんな中でも、路上で立っている女性たちの姿は、終電がなくなった深夜一時過ぎ頃まで見られたという。

坂本「女性たちから積極的に声をかけてくることはありません。警察による検挙を警戒している、という理由もあると思います。一般的には、男性から声をかけて料金等を交渉し、お互いの合意が成立すれば、近くのホテルに向かう、という流れです。路上に立っていた一人の女性に話を聞いてみると、「普段は他の地域のデリヘルで働いているが、客が来ないので収入が激減し、家賃の支払いも難しくなったので、お店での待機時間以外は外に出て稼ごうと思った」とのことでした。

遠方からやってきて、繁華街の中にあるネットカフェ等に連泊して稼いでいる女性もいれば、徒歩圏内に友達とルームシェアをしている女性もいます。ただ、現在進行形で路上での直引き売春をしている女性は、歌舞伎町全体でも数十名程度。百人もいないのではと思います」

†彼女たちが路上に立ち続ける理由

これだけSNSや各種アプリ、出会い喫茶など、割り切った交際関係を求める男女が出会う仕組みが整備されているご時世に、在籍している性風俗店で稼げなくなったからと言って、いきなり「路上に立つ」という選択をする女性は決して多くないだろう。コロナ禍の夜の街であれば、なおさらだ。

「路上で客を取る」という言葉からイメージされるのは、お店に在籍しても稼ぐことができず、面接にも通らないため、仕方なく路上に身を晒す女性の姿だ。行き場のない未成年の家出少女や、知的障害などのハンディキャップを抱えた女性、通常の性風俗店では働けない性的マイリティの人が集まっているのでは……と考える人もいるかもしれないが、坂本さんによれば、実際の現場は決してそうではないという。

坂本「十六~十七歳で路上に立っている子は、少なくとも歌舞伎町にはいないと思います。今まで出会った中で一番若い子でも十九歳でした。

知的障害の女性はほとんどいないと思います。発達障害等を抱えていると思われる女性もいますが、マジョリティではない。性的マイノリティの人にも、数えるほどしか会ったことはありません。歌舞伎町の路上は、そもそも障害を抱える女性が稼げるような環境ではないと思われます。

緊急事態宣言以降、男性の目を引くような女性が増えました。適切なたとえではないかもしれませんが、キャバクラやガールズバー等に普通にいそうな、化粧や服装等、身だしなみにも気を遣っている女性が増えたと感じました」

路上という場を男性客の目線で読み替えると、「女性の生身の姿を事前に確認できる場所」になる。性風俗店では、店舗型であっても無店舗型であっても、男性客は女性の生身の姿を事前に確認することは、基本的にできない。ホームページ上にアップされている画像や動画も、加工・修正されているものが大半である。

しかし路上であれば、女性の生身の姿を、料金を払う前に確認できる。また店を通さない分、交渉次第で自分の好きな行為ができる。金額も安くなる上に、予約の手間も不要だ。そう考えると「路上」という場は、一部の男性客にとってはメリットのある場になる。

一方、女性から見れば、路上は「事前に品定めをされてしまう場」だと言える。通常の性風俗のように、口コミによる評価やお店からの推薦もない。ツイッターやブログで情報発信することもできない。そのため、男性から選ばれる基準は、純粋に「見た目のみ」になる。

結果的に路上では、容姿の優れている女性、男性客と交渉できるだけのコミュニケーション能力の高い女性が有利になる。こうした競争原理が働くため、地方から家出してきた未成年の少女や、対人コミュニケーションに困難を抱える知的障害や精神障害の女性にとって、路上での直引き売春で稼ぐことはハードルが高いと言える。

†有縁と無縁

坂本さんによると、路上に立っている女性たちは全員が単独で行動しているわけではなく、横のつながりもあるそうだ。そういったつながり＝友人・知人の影響で路上に立つようになった女性もいるのかもしれない。

坂本「買春客に関する情報や警察の動向、そして他の女性の情報を共有している子たちもいます。「一部の女性が従来よりも低い単価で客を取り始めているので、こちらも値切られて迷惑している」という話を聞いたこともあります。初対面の男性と密室で一対一になるのはリスクが高いので、自分たちの身を守るために、二人一組で客を取っている子たちもいます。

一人の女性と信頼関係ができると、そこから他の女性につながることができる場合もあります。横のつながりを介さないと会えない女性もいる。一方で、誰ともつながりがなく、孤立を深めていると思われる四十〜五十代の女性がいるのも事実です」

性風俗や売春の世界では、十〜二十代前半の若い世代であるほど、「友だちが働いていたから」「友だちから紹介されたから」といった横のつながりがきっかけになって、この世界で働き始める女性が一定数存在する。

貧困や虐待、道徳的退廃や倫理観の欠如、親の愛情不足といった分かりやすい理由ではなく、「友だちがやっているから」という、ただそれだけの理由で、性風俗や売春の世界に足を踏み入れる若年女性は少なくない。

夜の世界で売春を繰り返すことで、短期間で高収入を得られるようになるが、男性をはじめとする他者に対する信頼や期待は失われていく。履歴書の空白が埋められなくなり、昼の世界の仕事に就くことも困難になっていく。「友だちがやっているから」という理由でなんとなく始めたはずが、気が付けば「この仕事しかできない」状態になっていく。

歌舞伎町の路上には、つながりによって直引き売春を始めた女性たち(有縁の街娼)と、つながりを失って直引き売春するしかなくなった女性たち(無縁の街娼)が混在しているのではないだろうか。

†ネットを見て集まる男性、そして摘発に動きだす警察

女性と同様、あるいはそれ以上に謎が多いのは、コロナ禍の歌舞伎町にわざわざ女性を買いに来る男性客だ。彼らはどのような理由・経路で、路上までやってくるのだろうか。

坂本「ネット等の公開情報を見てやってくる男性が多いと思います。ナイナイの岡村が言っていた現象（第三章を参照）が実際に起こっている。つまり、今まで路上にはいなかったようなタイプの女性が立ち始めている。そして値段も下がっている。そうした風評がSNSや動画サイトで広まったことで、男性が来るようになったと思われます。

女性たちからは、「冷やかしの客が増えて、すごい迷惑」「買う気がないのに話しかけてきたり、じろじろ見るだけで去っていく男が増えた」という声が上がっています。また、たまたまこのエリアを通りかかっただけの女性が、付近に立っている買春目的の男性たちから舐め回すような不躾な視線に追われることも散見され、雰囲気は悪くなる一方です」

女性たちの姿がSNSや動画で拡散され、それを見た男性が冷やかし半分、怖いもの見たさ、あるいは性欲を満たすためにやってくる……という構図があるようだ。

コロナの影響が強まって以降、歌舞伎町の特定エリアに男女が増えているということは、警察でも認識されていた。風紀の乱れを懸念する近隣住民からの要請もあり、取り締まりは強化されている。＊女性たちが集まりにくいように、このエリアの環境そのものを変えようという動きもあるという。

坂本「先日夜回りをした際も、顔見知りの子たちから「昨日も今日も何人も捕まっているみたい。うちらも捕まるんじゃないかと思うと怖くて仕事ができない」「稼がないと家賃が払えない。でも、ここの道を歩いている男性は、皆私服警察官のように見えてしまう」などと言われました。

あそこにいる女の子たちを散らしたところで、根本的な解決にはならない。結局行き場がなく戻ってくる可能性が高いし、他の場所で同じことをやり続けるだけです。彼女たちがネット等で買春客を募るようになれば、その存在が可視化されにくくなり、状況によっては、被害も深刻化する危険があります。

警察としても、売春防止法があるため、地域住民からの通報や相談が増えれば取り締まりを強化せざるを得ない。一方で、女性たちを検挙するだけでは根本的な解決にはならない、ということも理解している。最終的には彼女たちを公的支援につなぎ、売春ではない方法で生計を立てられるようになる方向に持っていきたい、という考えを警察も持っている。

しかし、彼女たちの多くは、公的支援で苦い思いをしてきた経験がある。行政や福祉を信頼していない。特に施設出身であればなおのこと、施設や母子寮などに一時保護されることも拒む傾向があるように見えます。また、誰かからお金を借りるのが嫌で、自分で何とかしたい、と考えている女性も多いです」

†公助とつながるための前提をつくる

風テラスに相談に来る女性の中でも、一時保護されることを拒む女性は一定数存在する。彼女たちは、コロナの影響で出勤しても稼げなくなり、所持金が尽きて住まいを失い、ホテルやネットカフェで暮らしていてもなお、「体験入店すればなんとかなる」「明日から出

＊　大阪においても、梅田の地下街にある「泉の広場」とその周辺では、二〇一九〜二〇二〇年にかけて、一七〜六四歳の「立ちんぼ」女性・計六一名が売春防止法違反の疑いで現行犯逮捕されている。

稼ぎに行けば、なんとかなる」と、固く信じている。
それだけ、彼女たちは性風俗や売春の世界（が与えてくれるであろう高収入）を信頼している。そして、それ以外の他人や公的支援を全く信頼していない。

坂本「彼女たちは、お金が無くなったら、性風俗店に体験入店するか、デリヘルなどに在籍して地方に出稼ぎに行く、ということを繰り返している。でも結局、どうにもならない。そこで「現実は予想以上に厳しい」ということを分かってもらえたら、こちらの助言や提案にも耳を傾けてくれるようになる可能性はあります。

一、二回の声掛けで反応を示す女性は少ないです。実際に女性から身辺の状況や、困りごとなどを話してもらえるようになるまでには、それなりの時間がかかります。関係性を築けるまで、地道に足を運び、声を掛け続けるしかない。その繰り返しの中で、ようやく挨拶をしてくれるようになり、少しの立ち話につき合ってくれるようになり、ちょっとした身の上話などもしてくれるようになる。

こうした関係を積み重ねることで、一定の信頼が得られたら、彼女たちの方から連絡をくれるようになります。「これから出稼ぎに行ってきます！」という報告や、「クソ客ばっかりです」という愚痴、「性病をうつされたんだけど、保険証を使わずに性病検査できるところってありますか？」「同じ施設出身の子が大変なので、なんとかしてくれませんか？」「死にたい衝動が強くなってる。どこかいい精神科を知らないですか？」という相談も届くようになります」

路上に立つ彼女たちを排除・摘発するだけでは、問題は根本的には何も解決されない。彼女たちを公助につなぐためには、警察と行政、民間の支援団体による連携が必要になるが、そのための課題は山積している。

坂本「初めて警察に検挙された子は、「やっぱりダメなことなんだ」とショックを受ける。そのタイミングが支援につなげる機会にもなります。警察から、本人の同意を得た上で、東京都や基礎自治体（市区町村）の福祉事務所や女性支援部門につないでもらうことができれば理想的だと考えています。草の根レベルで動くのは民間、最終的につながるのは行政、という役割分担が必要です。

検挙されるのが二回目、三回目という女性も多い。検挙された後も支援につながらず、また路上に戻ってしまう女性もいます。それを何とかして止めたい。ただ、警察も彼女たちをどこにつなげばよいのか、判断しかねている部分もある。

直接行政につなぐことが難しい場合、民間の支援団体が「翻訳者」として仲介に入る必要がありますが、そのためには、まず彼女たちと本音で話をしてもらえるだけの信頼関係を築くことが大前提になります。ただ、これに関しては、やる気や資格だけではどうにもなりません」

†「今までに会ったことのない大人に会った」と思ってもらいたい

路上に立つ女性たちと信頼関係を築くためには、支援者という立場を超えて、一人の人間として関わっていく必要がある、と坂本さんは語る。

一緒にラーメンを食べながら話を聞いたり、交通費や宿泊費としてお金を貸したり、深夜に送られてくる重たい内容のLINEに返信をしたり……。スカウトマンのような振舞いや、福祉の一線を越えた対応をせざるを得ないこともあるが、そうした方法でないと信頼関係を作れず、支援につなげることもできない。

坂本「ラーメン屋で話を聞いて、交通費とインタビュー代として二～三千円を渡して「じゃあ、気をつけて帰ってね」と告げると、「本当に話だけでいいんですか？」と驚かれることもあります。当然のことながら、こちらはしっかりと自制する。どのような状況であれ、誰に見られても恥じることのない関係性を堅持する。

これまで彼女たちの周りにいた男性は、対価として身体の関係を求めてきたり、お金を無心するような大人が少なくなかった。しかし、実際にはそんな大人ばかりではない。食事をおごってもらっても、お金を渡してもらっても、見返りを求めず、指一本触れてこない大人の男性もいる、ということをまず知ってもらいたい。

「今までに会ったことのない大人に会った」と感じてもらえれば、頭の片隅に残る。そうすれば、「これはマズいかも」「さて困った」という状況に陥った際に思い出してもらえる可能性が高くなり、孤立を避けることにもつながるのではないかと思います。

もちろん、百人の女性を相手にそれができるのか、と言われればできません。福祉として正しい方法かどうかも分かりません。ただ、そうした個人的な信頼関係でしかつながれない女性や、こちらからリーチしないと声を上げられない女性は確実に存在します」

一方で、女性が特定の支援者に依存してしまうと、次の支援につながらないというジレンマもあるという。

坂本「私とつながるのはよいのですが、「私としかつながれない」ことになってしまうと、他の団体や窓口とつながれなくなってしまう。お互いに依存しあうような共依存関係になってしまってはいけないし、支援されることが当たり前になってしまってもいけない。必要なことは、当事者が自分の力で生きていけるようになるまでの、もしくはマイナスをゼロに戻すまでの、しばしの並走です。並走が終わった後に、いかにしてうまくリリースするかも大きな課題になります」

路上での直引き売春や性風俗をはじめ、既存の制度や支援が届きづらい領域では、当事者と支援者が個人的な信頼関係でしかつながれないゆえに、共依存が起こりやすい。

複雑な事情と課題を持った当事者の支援を一人で丸抱えしてしまった結果、支援者が精神的に潰れてしまうこともある。

自分で声を上げられない当事者には、支援者から声をかけるしかない。そうした一方通行の関係性の中で、「彼女たちの存在に気づき、問題を解決できるのは自分だけ」「彼女たちのことを代弁できるのは、自分たちだけ」と思い込んでしまい、他の支援団体や行政に対して、「そのやり方は間違っている」「当事者の気持ちを分かっていない」という批判を繰り返すようになる支援者もいる。

支援団体間や行政との連携ができず、それぞれがバラバラに動いて、当事者の丸抱えやお互いの批判を繰り返すだけでは、いつまで経っても課題は解決しない。

あくまで「しばしの並走」であることを理解した上で、その後に「いかにしてうまくリリースするか」は、当事者にとっても、支援者にとっても、重要な課題であることは間違いない。

†草の根でつながり、ハブになってつなげる

歌舞伎町の路上に立つ女性たちは、夜の世界の中でも、最も公助につなぎづらい存在だと言える。彼女たちを公助につなぐためには、まず支援者と個人的な信頼関係を築きつつ、丸抱えや共依存にならないように配慮しながら、警察や行政と連携して支援につなぐための仕組みを整備していく、という草の根のソーシャルアクションを続けていくしかない。

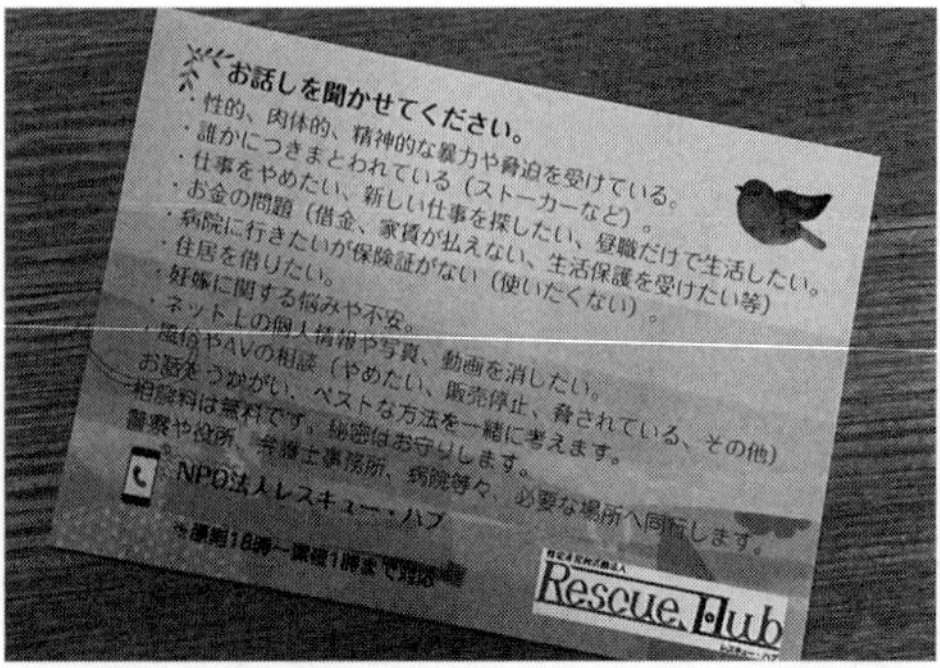

路上に立つ女性たちに坂本さんが渡すカード

坂本「従来の支援の概念や前例にとらわれず、マニュアルに頼るのでもなく、次から次に起きる想定外の事態に、臨機応変かつ迅速に対応していくこと。

難しい状況にあっても、支援できない理由を並べるのではなく、できることを考え、本人を否定することなく受け止めること。

こうしたことを心がけながら、本人が再出発のラインに立てるまで寄り添う覚悟を持って、草の根でつながり、ハブとなって関係先につなげることを継続していかなくてはならないと思っています。

また、当事者が速やかに必要な支援を受けられるよう、警察や行政機関をはじめ関係各所との信頼関係を日頃から構築していく必要があります。

先にも述べたように、支援の入り口は民間支援団体であっても、当事者の安全と安心を中長期的に担保するためには、行政の力が必要となります。

支援を提供する側の我々は、あくまで黒子です。当事者の訴えに耳を傾け、その背景に隠れている問題を解決することが目的です。

できないことや足りないことをあげつらったり、既存の支援制度の欠陥や未整備を糾弾するのではなく、どうすれば困難の中にある当事者の環境が改善されるのか、当事者が求める支援とは何かに焦点を置き、どのような状況であろうと、当事者を中心に活動していかなくてはなりません。

直引き売春や性風俗の仕事をしている女性に対して支援を行うことについては、自己責任論に基づく批判が根強く残っています。確かに、自らの意志でこの世界に足を踏み入れる女性がいることも事実です。そして、本人の責に因らず、夜職に従事せざるを得ない女性がいることもまた事実です。

これはあくまで私的な意見になりますが、困難な状況にある女性へ支援を提供する際に、「なぜ夜職に従事しているのか」「なぜ困難な状況に陥っているのか」といった理由を問うことは重要ではありません。

どのような理由やストーリーがあろうとも、本人がその環境から抜け出したい、やり直したい、と願っており、そして自分の力だけではどうにもならない、ということであれば、そこに手を伸ばす存在が必要です。情報提供や口頭での助言だけではなく、行動を伴う支援が必要です。

そして、行動の段階においても、支援者側はあくまで黒子です。当事者を中心に置いた行動を伴う支援があって初めて、信頼関係の構築が可能になると思います。

いつもの夜回りで配布しているものは、マスクや汗拭きシート、カイロなどだけですが、クリスマスの夜には、ささやかながら、ちょっとしたプレゼントを持って歌舞伎町を回ろうと思っています」

用意されたプレゼント用のハンドクリームのパッケージには、「Everything will be fine.（きっとうまく行くよ）」というメッセージが印刷されていた。

心も身体も凍えそうなコロナ禍の真冬、歌舞伎町の路上に立ち続ける女性たちに必要な贈り物は、公助そのものではなく、公助につながるためのカギ＝草の根でのつながりと、そこから育まれる「他者への信頼」であることは間違いない。

†新しい「信頼」をデザインするために

コロナ禍の中で、風テラスに相談することを選んだ女性たちと、繁華街の路上に立つことを選んだ女性たちの違いは、「他者への信頼」の有無にあるのではないだろうか。

支援者や専門家、行政の窓口に対する信頼がわずかでもあれば、店舗で待機していても一向に客がつかず、収入が減って生活に困った時に「誰かに相談する」という選択肢を選び取ることができる。

しかし、信頼がそもそもなかったり、過去に信頼を裏切られるような経験をしている場合、「誰かに相談する」という選択肢は決して出てこない。目の前に現れる選択肢は、「路上に立って直引き売春をする」一択になってしまう。

他者を信頼する力を失っている女性たちと信頼関係を築くためには、坂本さんの言う通り、支援者という立場を超えて、一人の人間として関わっていくしかない。

そのために必要なのは、美しい理念でも、体系化された理論でもない。「一緒にラーメンを食べる」「お金を渡しても、身体を求めない」「深夜に届いたLINEに返信する」といった、小さな既成事実の積み重ねだ。

路上での売春や性風俗の世界が、法的な問題や社会的偏見、性暴力・性感染症等のリスクを内包しつつも今日まで生き残ってこれたのは、警察によるお目こぼしがあったからでもなければ、反社会勢力が裏で暗躍していたからでもない。女性が生活に困った時に、即日で高収入を得られる唯一の空間であり続けてきたという既成事実があったからだ。その既成事実こそが、公的支援から排除され、他者を信頼する力を失った女性たちを吸い寄せる「信頼」として機能してきた。

その「信頼」が今回のコロナ禍で壊れたのだとすれば、新しい既成事実をベースにして、「信頼」を再構築していく必要があるだろう。

果たして、どのような既成事実を、どのように積み重ねていけば、この風の止まった世界の中で、新しい「信頼」をデザインしていくことができるのだろうか。

次章では、性風俗の世界で新しい「信頼」をデザインしていく過程を、クラウドファンディングへの挑戦の記録を通して描いていく。

第五章

夜の世界を孤立させるな

†始まりはズーム慰労会

二〇二〇年五月七日（木）、大型連休の相談対応が終わってホッとしている時に、一通のメールが届いた。

「お世話になっております。GAP広報の柳田です。連日の活動、お疲れ様でございます。いつもツイッター等で拝見しております。

緊急事態宣言も延長となり、我々もさらに息の長い活動が必要となりましたね。同じ業界で活動している坂爪様に、ご相談したいことがございます。支援する側の悩みとでも言いましょうか、よかったら、ズームなどでざっくばらんにお話しできれば幸いです。ご多忙中とは存じますが、よろしくご検討くださいませ」

ＧＡＰ＝一般社団法人GrowAsPeopleは、風俗で働く女性のセカンドキャリア支援を行っている非営利団体である。二〇一〇年から十年間活動を続けている老舗の支援団体だ。風俗で働くことを否定も肯定もせず、「風俗に関わることで生まれる課題」の解決に焦点を当てて、女性たちが風俗の仕事をやめた後のセカンドキャリアをデザインするための支援プログラムを実施している。

こうしたＧＡＰのスタンスに、私は創業時から強く共感し、イベントのゲストにお招きしたり、書籍で活動を紹介したりと、様々な形で緩やかな連携を重ねてきた。休業補償や持続化給付金の署名キャンペーンを行った際にも、ＧＡＰには賛同団体として協力して頂いた。

そんな中、ＧＡＰ広報の柳田あかねさんから、前述のメールが届いた。話を聞くと、四月に緊急事態宣言が出されて以降、ＧＡＰにも相談が殺到しており、柳田さんも日々ＬＩＮＥでの相談対応に追われているとのこと。

連日の相談対応で私自身もかなり体力的・精神的に疲弊していたこともあり、日々の愚痴を話せる同業者の存在は非常にありがたかった。二つ返事でOKし、ズームでお互いの近況を報告することにした。パソコンの画面越しに、「いや〜、毎日本当に大変ですよね〜」「LINEの通知、一日中鳴りやまないですよね〜」と激務の苦労を慰め合った。

柳田さんとのズーム慰労会から退出した後、「風テラスだけでなく、どこの団体も大変な時期だよな……」と改めて実感した。相談者も辛いが、支援団体も辛い。コロナで思うように普段の活動ができない中、緊急性の高い相談が殺到し、コストと疲労だけが積み重なっていく。メディアの報道でも、支援現場の疲弊＝支援団体の窮状や行政職員の相次ぐ辞職などが取り上げられるようになった。コロナ禍で動いている支援団体向けの助成金も多数開始されていたが、支給可能な金額や団体の数は限られており、支援団体間での奪い合いのような様相を呈していた。

限られたパイの奪い合いをしても意味がない。しかし、このままでは座して死を待つだけだ。何かできることはないだろうか……。そんな時、クラウドファンディングによる資金調達というアイデアが閃いた。

クラウドファンディングとは、銀行や投資機関から資金を得るのではなく、ネットを通して不特定多数の群衆（Crowd）から資金調達（Funding）する仕組みである。

性風俗に関する話題が世間を賑わせている今、現場の最前線で支援に当たっている二つの支援団体＝ＧＡＰと風テラスが共同でクラウドファンディングを立ち上げれば、一定の注目と寄付金を集めることができるのではないだろうか。

緊急事態宣言が発令されて以降、コロナで苦しんでいる業界や職種、店舗や団体を支援するためのクラウドファンディングが各地で立ち上がっていた。限りなくレッドオーシャン（＝血で血を洗う競争の激しい領域）に近い状況ではあるが、呼びかけの切り口を工夫して知恵を絞れば、一定の成果を挙げることができるのではないだろうか。

そして何より、「性風俗で働く女性の支援」という、世間の共感が得づらい＝寄付金が集まりづらいと考えられている領域でクラウドファンディングを成功させることができれば、それ自体が大きなソーシャルアクションになるはずだ。性風俗の世界を、経済的・人的・社会的な支援が集まりやすい領域に変えていくための第一歩になる。

そう考えた私は、柳田さんに「共同でクラウドファンディングをやりませんか」と提案した。柳田さんからは、「こんな状況だからこそ、貴団体と当団体がタッグを組んでできることがあるかと思います。ぜひ、準備を進めて参りましょう」と快諾を頂いた。

†「夜の世界で孤立している女性・1万人に支援を届けるプロジェクト」始動!

クラウドファンディングは、資金調達の仲介を行う運営会社によってサービスが提供されている。今回は、その中の一つであるREADYFORを利用して、GAP×風テラスによる共同クラウドファンディングのプロジェクトを立ち上げることにした。タイトルは、「夜の世界で孤立している女性・1万人に支援を届けるプロジェクト」。GAPと協議の上、プロジェクトの目的を二つ設定した。

一つ目は、社会的孤立を防ぐための相談支援の強化だ。性風俗産業で働く女性の社会的孤立を防ぐための相談・支援体制を強化し、継続的に適切な支援を届けられる仕組みを作ることを目的に設定した。

性風俗産業は数兆円規模の市場があり、働く女性は全国で三十万人以上いると言われているが、これだけの規模があるにもかかわらず、女性たちは社会の中で「見えない」存在になっている。彼女たちの「見えない孤立」を可視化するという意志を込めて、そして支援団体としての組織基盤や財務体制を充実させるという決意を込めて、「1万人に支援を届ける」という数値目標を掲げた。

GAP×風テラスの挑戦
夜の世界で孤立している女性
1万人に支援を届けるプロジェクト
GrowAsPeople

プロジェクトのロゴ

二つ目は、社会的排除を防ぐための情報発信・政策提言だ。性風俗産業で働く人たちが社会的に排除されないための広報・啓発・政策提言を実施することを目標にした。

クラウドファンディングで募る支援金の目標金額は、六百万円に設定した。クラウドファンディングに初めて挑戦する者の掲げる目標としては、かなりハードルの高い数字だ。しかし、私たちの活動している性風俗産業の市場規模は、数兆円とも言われている。お金が唸るほど回っている世界で活動する支援団体が、六百万円程度の資金を集められないようでは、支援団体と名乗る資格はないのではないだろうか。自分たちに発破をかける意味でも、高めの金額設定にした。

そして、目標金額の達成の有無にかかわらず実行者が支援金を受け取れる「All in 方式」ではなく、目標金額を達成した場合のみ、集まった支援金を受け取れる「All or Nothing方式」を選択した。あえて背水の陣を敷くことで、世間に私たちの本気度を伝えたい、と考えたからだ。性風俗業界で働く女性に対する支援を訴えるクラウドファンディングは、史上初の試みである。支援団体が共同で実施するケースも初めてであり、目標金額も大きい。新規性と話題性は十分だ。

柳田さんはGAPに入社する前は新聞記者の仕事をしており、広報のプロフェッショナルである。またGAPにはウェブデザインの仕事を行っているデザイン事業部があり、ウェブ上での情報発信をデザインするプロフェッショナルでもある。同業者としても、プロジェクトのメンバーとしても、非常に心強い仲間だ。GAPと風テラスのチームで力を合わせれば、越えられないように思える壁も突破できるに違いない。そうした思いを抱きながら、柳田さんと一緒に告知ページの作成、アイキャッチ画像のデザインや支援者へのリターン（お礼の特典）の内容設定など、プロジェクトの準備を進めていった。

プロジェクトで使用するハッシュタグは、柳田さんの提案で「#私はここにいます」に決定した。

柳田「かつてGAPが支援させて頂いた二十代のキャストさんは、「私は透明人間のようです」とおっしゃっていました。

この仕事をしていることがバレたくないから、家族や友人と疎遠になってしまう。お客様とばったり会ってしまうかもしれないから、外出を控える。キャスト以外の職歴がないから、転職ができない。行政窓口に相談するのも怖い。社会の中で生きているのに、透明人間のように暮らしている。彼女のような思いを抱えた当事者は、全国にたくさんいます。

それでも人との繋がりは求めているし、人との繋がりがなければ生きていけない。そんな彼女たちのシンプルな叫び＝「私はここにいます」をハッシュタグにしました。

それと合わせて、私たち支援者の「私はここにいるよ」「あなたは一人じゃないよ」というメッセージも込めています」

七月八日（水）午前十時、READYFORで「夜の世界で孤立している女性・1万人に支援を届けるプロジェクト」の告知ページが公開された。プロジェクトの実施期間は、約九十日間。十月五日（月）午後十一時までに、六百万円の支援を集めることを目指す挑戦が始まった。

†二日間で七十七万円！

プロジェクトの公開直後、すぐに個人の方から五十万円の支援が入った。衝撃と感動のあまり、思わず画面の前で叫んでしまった。その後も続々と支援が入り、公開から二日間で七十七万円もの支援が集まり、達成率は一二・八％に達した。

成功への手応えを感じた一方、不安もあった。「クラウドファンディングはスタートダッシュが命であり、公開直後の時期に目標金額の二〇％以上が集まらないと、そのプロジェクトは失敗する」という事前情報を耳にしていたからだ。果たしてこのペースが順調なのか、それとも不十分なのか、分からなかった。九十日間で六百万円を集めるためには、単純計算で一日当たり六万六千円の支援を集める必要がある。冷静に考えると、これは非常に高いハードルだ。

いずれにせよ、二日間で多くの方がこれだけの支援をしてくださったことは事実であり、私たちはその期待に応える義務がある。目先の数字に一喜一憂せず、頑張るしかない。

三日目の七月十日の支援総額は一万円だった。翌十一日は一万三千円。十二日は三千円。その後も微増や微減を繰り返し、十七日には、ついに一日の支援額がゼロ円になった。

クラウドファンディングの支援は、公開直後と終了直前に集中すると言われている。READYFOR のデータでも、終了の五日前までに達成率五〇%に達していれば、そこからのラストスパートによって、九〇%のプロジェクトが目標を達成している、と記載されていた。

しかし、頭では分かっていても、実際に一日の支援額がゼロの日が続くと、「も、もうダメかも……」と絶望的な気分になってしまう。

お金が絡むと、目の前で起こっている出来事に対して、感情を切り離して判断することは本当に難しくなる。しかし、先行きの不透明な状況下においては、感情ではなく事実を信じるしかない。

READYFOR のプロジェクト管理ページには、「この時期までに、この達成率に届いていれば、プロジェクトは成功する」ことを示す「達成目安のグラフ」が表示されていた。少なくとも現時点では、このグラフで示されている達成目安を下回ってはいない。だとすれば、不安になる暇がないほど、頭と手足を動かすしかない……と、なんとか気持ちを切り替えた。

クラウドファンディングをPRするためには、イベントの開催が効果的だとされている。魅力的なイベントを企画・開催し、プロジェクトに支援してくださった方は無料で参加できる設定にすれば、支援も集まりやすくなる。ただ「支援してください」と連呼するよりも、イベントのPRをする方が心理的にも実務的にもハードルが低いので、やりやすい。

プロジェクトのPRイベントとして、終了一カ月前の九月五日に、セックスワークサミット2020オンライン「新型コロナと夜の世界――その時、支援団体はどう動いたか」を開催することにした。夜の世界で働くシングルマザーを支援するフードパントリーを埼玉県川口市でスタートした「ハピママメーカープロジェクト」の石川菜摘さんをゲストにお招きして、柳田さんと私の三人で、コロナ禍における支援の現状と課題を話し合うイベントである。

また性風俗業界に向けたPRとして、GAPのデザイン事業部にプロジェクトのバナーを作ってもらい、ツイッターでサイトに掲載してくださる店舗を募った。いくつかの店舗が手を挙げてくださり、バナーを掲載してくれた。なかでも新潟の風俗情報サイト『新潟

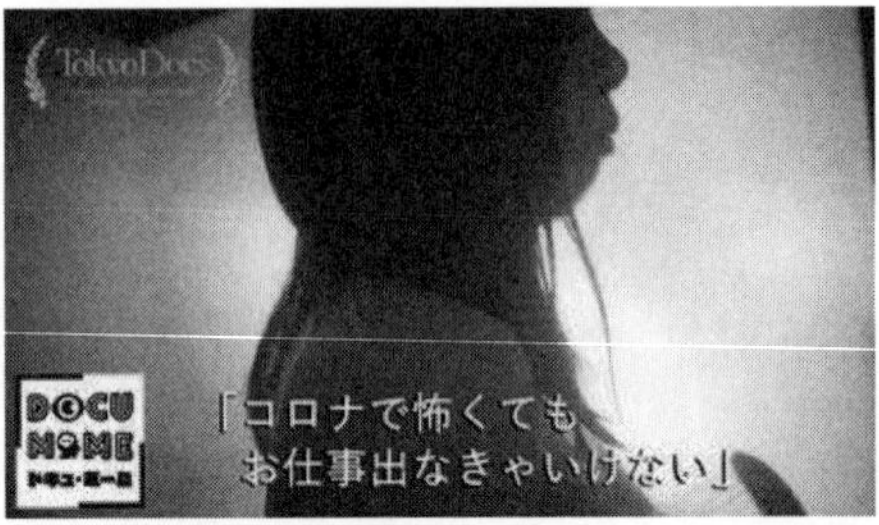

「“夜の街”に生きる　2020　ある風俗嬢」の一場面

ナイトナビ』は、終了日の十月五日まで、継続してトップページの広告枠にバナーを表示することを約束してくださった。

ＰＲの手段として、イベントと合わせて多用されているのが動画である。静止画や文章だけよりも、動画を用いたＰＲを行う方がプロジェクトの成功率が高い、というデータもあった。プロジェクトの背景にあるストーリー＝現場にいる当事者や支援者の思いを動画で伝えることができれば、訴求力の高いＰＲになる。

風テラスも、これまで何度かテレビで取り上げてもらったことはあったが、著作権の関係上、番組の動画をＰＲで使うことはできない。YouTubeチャンネルも持っていない。どのようにしてストーリー性のある動画を撮影し、活用していくべきか……と悩んでいた時、ＳＮＳのタイムラインに『〝夜の街〟に生きる　２０２０　ある風俗嬢の記憶』というタイトルの動画が流れてきた。コロナ禍の夜の街に生きる風俗嬢と店長の姿を映した短編ドキュメンタリーで、制作者はDocu Meme（ドキュ・ミーム）。コロナ禍をきっかけに始めた少数の制作者チームだという。

YouTubeチャンネルの解説文には、「全国に三十万以上いると言われる風俗で働く女性たちと、その関係者にこの映像を捧げます。貧困や家庭崩壊など様々な社会課題を抱える夜の歓楽街は、常に偏見・差別・排除の対象となり、そこに生きる当事者の声は、外からの大きな声に掻き消されてきました。しかしこの街には、他者を想う心、孤独を包む優しさがあります。これは、一人の女性が「傷だらけになって辿り着いた〝記憶〟の物語」です」と書かれていた。

動画の物語性に感銘を受けた私は、直ちにDocu Memeに連絡を取った。「動画をプロジェクトの告知ページに転載させて頂けないか」と打診したところ、製作者の内山直樹さん、そして動画に出演されている店長、女性の方から快諾を頂くことができた。女性の方からは「私の拙い言葉でよければ、ぜひ多くの方に見ていただき、現状を知って欲しいと思います」というメッセージを頂いた。

†広告規制との仁義なき戦い

クラウドファンディングへの支援を集めるために、広告を活用しているNPOも多い。「お金を集めるためにお金を使うのか」と思われるかもしれないが、広告費を上回る支援が得られる見込みがあるのであれば、やらない理由はない。既存のフォロワーにしか届かないSNSでの発信とは異なり、広告はプロジェクトのことを全く知らない層にもリーチすることができる。ウェブ広告であれば、ターゲットを明確に絞った上で、低予算で効果的な広告を出稿することもできる。

ただ、広告の出稿に関しては大きな懸念があった。それは、審査で落とされることだ。AIによる審査では、「風俗」というワードが入っているだけで落とされてしまうことがある。相手がAIであれば、交渉の余地もない。

試験的にFacebookに広告掲載を申し込んでみたが、予想通り審査で落とされた。バナーの画像に「風俗」という言葉を使用していなくても、「夜の世界」という表現でぼかしても、バナーのリンク先であるクラウドファンディングのページに「風俗」というワードが入っているだけで「成人向けのサービスを販売する広告」とみなされて、審査で落ちてしまう。

さてどうしたものか……と考えあぐねている時、「風俗情報サイトに広告を出せばいいのでは」というアイデアが閃いた。まさにコロンブスの卵だが、風俗情報サイトであれば、審査で落ちることはまずない。全国の店舗や男性ユーザーにダイレクトにアプローチできる、唯一の媒体でもある。これまで風俗情報サイトに広告を出したNPOは存在しないが、やってみる価値はあると思った。

問題は費用である。最大手のシティヘブンネットの広告代理店に打診してみたところ、一カ月で五十万円の掲載費用がかかるという。五十万円を投資して六百万円が返ってくるのであれば、やらない理由はない。しかし、失敗した場合のダメージは大きい。

GAPに相談したところ、「プロジェクトのPRは報道機関の取材やSNSでの発信を中心に行いたい」などという理由で断られてしまった。

それでも諦めきれなかった私は、広告費は私個人が単独で出す、という条件でGAPの同意を取り付けて、代理店に依頼して広告を出稿することにした。

広告の掲載期間は、プロジェクト後半＝九月の一カ月間に絞った。前例のない試みのため、代理店の担当者の間でも、広告の効果の有無に関しては意見が分かれた。果たして、吉と出るか凶と出るか。自分の判断を信じるしかない。

†男性客に「一肌脱いでもらう」ために

風俗情報サイトに広告を出すことを決断した背景には、「男性客からの支援を集めたい」という思いもあった。性風俗の世界は、一般には「女性が男性に性的サービスを売る世界」だと考えられている。しかし視点を変えると、「男性の売り手（お店）が男性の買い手（お客）に対して、女性のサービスを売っている世界」と考えることもできる。

しかし、性風俗をめぐる議論や報道は、働く女性だけに過剰にスポットライトが当てられ、男性の実像はほとんど語られない。

コロナ禍で業界全体が苦境に陥っている中、頼れるのは男性客しかいない。特定の女性を指名してお金を落とすだけでなく、「この業界で働く女性全員を指名する」＝性風俗で働く女性を支援している非営利団体にお金を投資する、という選択肢があってもよいのではないだろうか。全国の男性客をプロジェクトの味方につけることができれば、ソーシャルアクションとしても意義のあるものになるはずだ。

持続化給付金などの支援制度において、性風俗業界で働く人たちだけが合理的な理由もなく排除されているのをみて、胸が痛んだ人も少なくないはずだ。性風俗という共助の担い手の一角として、「そろそろ、俺たちも一肌脱ぐか！」と動いてくれる人がいるのではないか。まだ見ぬ男性たちの良心と善意を信じて、祈る気持ちで広告を出稿する決意をした。

†長い長い停滞期、心が折れそうになる

七月二十日、支援総額が百万円を超えた。開始から二週間足らずで最初の大台を突破したことで、「これはいけるんじゃないか」という手応えを感じた。

プロジェクトの理念に共感して、ナイトワークで働く女性のセカンドキャリア支援サイト「レモネード」さん、風俗情報誌『俺の旅』で長年編集長を務めてこられた生駒明さん、日本風俗女子サポート協会代表のあや乃さん、性戯の味方の水嶋かおりんさん、漫画家では『リアル風俗嬢日記』のΩ子さん、『健康で文化的な最低限度の生活』の柏木ハルコさん、『異世界でも風俗嬢やってみた』の森尾正博さん、研究者では『性風俗世界を生きる「おんなのこ」のエスノグラフィ』著者の熊田陽子さんなど、多くの方が賛同者としてお名前を掲載してくださった。

しかし、その後は長い長い停滞期に入った。どれだけＳＮＳで熱意を込めて「#私はここにいます」と発信しても、反応がない。思いのたけをnoteに書き綴っても、反響がない。メディアにプレスリリースを送っても、なしのつぶてだ。完全に「凪」の状態である。

本プロジェクトに関心を持ってくれそうなあらゆる企業・団体・個人に対して、メールや手紙などで個別に支援のお願いをした。しかし、ほとんど返事は来なかった。稀に返信があっても、その大半は「お祈りメール」＝支援はできないが、貴プロジェクトの成功をお祈りしています、という内容だった。

数兆円の市場規模があり、唸るほどお金を持っている人が山ほどいる世界で、この惨状なのか。それとも、私のやり方に問題があるのだろうか。成果が出ない、そして答えも見えない闇の中で、「誰にも共感されていないのでは」「やはり六百万円は無謀な金額だったのでは……」と再び気分が落ち込んだ。

クラウドファンディングとは、言うなれば、これまでに個人や団体が培ってきた人間関係や活動実績を、支援金という形で可視化・数値化するシステムである。また将来の可能性に投資してもらうシステムでもある。自分たちがこれまで積み上げてきた社会的信用に対する評価、そしてこれからの可能性に対する評価が否応なく下される場であるため、支援のお願いをすること自体に一定の緊張感が伴う。

そして、お願いした相手から支援をしてもらえなかった時は、お金の問題だけでなく、これまで相手ときちんと信頼関係を築いてこれなかったこと、これからの可能性に期待されていないこと、そして何より、それらに気づかずに図々しくも支援のお願いをしてしまったことがはっきりと可視化・数値化されてしまう。その精神的なダメージは計り知れない。要するに「とてつもなく、しんどい」のだ。

プロジェクトの中間地点、開始から四十五日後＝八月二十二日の時点で、支援総額は百八十五万四千円。達成率は三〇・九％である。残り四十五日で、四百万円以上の支援を集めなければならない。一日に換算すると、十万円近い金額になる。ハードルが高すぎる……。

再び心が折れそうになったが、そこでも支えになったのは、データだった。依然として、プロジェクト管理ページにある「達成目安のグラフ」を下回ってはいない。データでは「まだいける」と出ている。

そんな時、風俗求人サイト「みっけ」の特設サイト「フレフレ風俗！コロナに負けるなプロジェクト」にて、クラウドファンディングの告知と柳田さんのインタビュー記事が掲載された。

柳田「クラウドファンディングをすること自体、最初は抵抗もあったんです。大々的に「支援してください」と訴えてもいいのか。本当に私たちのやりたいことが伝わるのか。支援を募ることでバッシングもあるだろう。でも、今私たちが動かなければ、その先の女性はますます動きが取れなくなると思ったんです」

私たちが動かなければ、さらに動けなくなる人がいる。動けない支援団体など必要ない！　柳田さんの言葉に触発されて、「動くしかない」と覚悟を決めた。

自分を奮い立たせるため、そして支援者の方々への感謝の気持ちを忘れないためにも、一日一回、「残りあと××日」というカウントダウン、そしてその日の支援額と支援してくださった方々のお名前をツイッターで発信することにした。

†トリプルコンボが決まり、停滞期から脱する

そんな中、以前から付き合いのあった放送作家の姫路まさのりさんから「AbemaTV

の報道番組『ABEMAPrime』でプロジェクトを取り上げたい」というお申し出を頂いた。まさに天の助け、願ってもいない僥倖であり、二つ返事でOKした。

八月三十一日、特集「コロナ禍で苦しい生活　性風俗業で働く女性たちの〝見えない孤立〟とは？」に、私がゲストとしてズームで生出演した。都内の性風俗店で働く女性もズームで生出演し、VTRではGAPの活動風景やセカンドキャリア支援のプログラムが紹介された。スタジオゲストの堀潤さん、小島慶子さん、カンニング竹山さんも、性風俗の世界で働く女性の窮状や支援の必要性を理解してくださり、温かい応援コメントを寄せて下さった。放送終了後、柳田さんからメールが届いた。

「オンラインでのご出演、お疲れ様でした。リアルタイムで拝見しておりました。出演者の方々の議論が深まり、嬉しく思いました。当事者でも支援者でもない、客観的なご意見がありがたく、また、背中を押された気持ちになりました。プロジェクトに弾みがつくといいですね！　遅い時間までお疲れ様でした。ゆっくり休まれてください」

放送の効果もあり、翌日の九月一日は、一日で十六万六千円の支援が入った。またこの日からシティヘブンの広告もスタートし、告知ページの訪問者数が一気に跳ね上がった。この一カ月が勝負だ。なんとしても、今月中に決着をつけねば。

九月五日、七月のスタート段階から準備していたセックスワークサミット2020オンライン「新型コロナと夜の世界――その時、支援団体はどう動いたか」を開催した。これまでのコロナ禍での活動を報告・共有した上で、これからも一人でも多くの人に支援を届けるため、そして社会に現場の声を届けていくために必要なソーシャルアクションの在り方を議論した。メディアの取材も入り、イベントは盛況のうちに終了した。ズームを退出した後、すぐに note で開催レポートの記事を作成・公開した。

翌日、東京新聞朝刊と新潟日報朝刊にプロジェクトの記事が掲載された。またツイッターで十一万人を超えるフォロワーを持つブロガー医師のアカウントでプロジェクトを紹介して頂き、一日五百人前後だった告知ページの訪問者数が、二日連続で二千人を超えた。一日中、支援が入ったことを知らせる READYFOR からの通知メールが止まらない状態になった。

最終的に、九月五日からの三日間で、五十名以上の支援者の方から、合計六十万七千円の支援が入った。イベント×メディア掲載×ＳＮＳでのバズというトリプルコンボが見事に決まった形になった。その効果に驚いたが、すぐに「これで安心してはいけない。終了日までに、もう一、二回イベントをやらねば」と思考を切り替えて、柳田さんとも話し合い、九月中にGAPとの共催で一回、風テラス単独で一回、合計二回のオンラインイベントを追加で実施することにした。

その後も支援は続き、西日本新聞などのメディアでもプロジェクトを取り上げて頂いた。九月十日の時点で、ようやく達成率が五〇％＝支援総額三百万円に達した。残り二十五日で三百万円。ハードルの高さは相変わらずだが、長く苦しいトンネルを抜けて、やっと光が見えてきた、と感じた。

†終盤戦のドラマ

九月十二日、通知メールで100,000円の支援が入った旨の連絡が届いた。おおっ、これはありがたい！と思って告知ページを見てみると、支援総額がいきなり百万円増えていた。目の前に表示されている数字が信じられず、一瞬思考が止まった。

告知メールを見返してみると、「100,000円」ではなく「1,000,000円」だった。百万円のご支援ッッ！！！　衝撃と感謝のあまり、気を失いそうになった。この高額支援のおかげで、支援総額は四百万円を超え、達成率も一気に六八・六％まで跳ね上がった。残り二十三日で、百八十八万四千円の支援が集まれば、プロジェクトは成功する。百万円のご支援をくださった方のご期待に報いるためにも、これはもう、意地でも目標を達成しなければ……！

九月十四日、シティヘブンの代理店の担当者からも、「目標達成率、七〇％迄いきましたね！　引き続き、一〇〇％達成するように頑張ります」というメッセージが届いた。

九月二十一日、文春オンラインにコロナ禍の相談現場の様子を描いた記事「『いつまで持つかわからない……』コロナ禍の風俗店で働く女性が吐露した〝痛ましい本音〟」を寄稿した。この寄稿は、支援者の方が文春の編集者につないでくださったことで実現したものだった。このような形でプロジェクトの成功を応援してくださる方もいれば、「賛同者として名前は出せないが、ぜひ支援させてほしい」という申し出をしてくださる方もいた。

文春オンラインの記事はヤフーニュースにも掲載され、告知ページの訪問者数が一日で千五百人超まで増加した。その後、九月二十三日にも五十万円の高額支援を頂き、支援総額は五百万円を超え、達成率は八五・四％に達した。残り二週間で八十八万六千円を集めれば、目標の六百万円に達する。柳田さんも、ツイッターでの発信や支援者へのお礼メッセージ、告知ページの新着情報の更新、ラジオ番組でのプロジェクトの告知など、各方面で精力的にPRを続けてくださった。

一方で、私個人としては、この時点でもう打つ手が完全になくなってしまった。これ以上、アイデアが何も思いつかない。頭も手も動かない。やるべきことはひとつ残らずやりつくしてしまい、毎日のSNSの更新くらいしか残っていない、という状態になってしまった。最も力を入れて動かなければいけない終盤に、やることが無くなってしまうというのはもどかしい。人事を尽くして天命を待つ……といえば聞こえはいいが、正直辛かった。

†ついに、その瞬間が来た！

九月二十六日、二回目の無料イベントとして、セックスワークサミット2020オンライン「新型コロナと夜の世界2――コロナ後の夜の世界で「貧困女子」をどう支援するか」を開催した。

ノンフィクションライターの中村淳彦さんをゲストにお招きして、コロナ禍の「貧困女子」＝生活に困窮している女性たちの現状と課題、そしてコロナ後の夜の世界を見据えた支援の在り方について、GAP柳田さんと私を含めた三人でトークセッションを行った。

全国各地から約五十名の方にご参加頂き、盛況のうちに終了した。

前回に引き続き、イベントの内容をnoteでまとめて発信して、なんとか支援総額を五百五十万円までに持っていきたい。今月いっぱいでシティヘブンの広告が終わり、十月以降は告知ページのPVも一気に下がることが予想されるので、九月三十日に予定している第三回目のイベントで、どうにか目標の六百万円に到達できるよう、動いていかなければ……と頭の中で残り四日間のTo Doリストを整理していた。

そう考えていた時、READYFORから通知メールが届いた。「おおっ、早速イベントに参加してくださった方からご支援が入ったのか」と開いてみると、件名には、「プロジェクト達成おめでとうございます！」と書かれていた。一瞬、目を疑った。目標金額まで、あと七十万円以上あったはずだ。詳細を見ると、イベント終了後に、一人の支援者の方が残りの金額を全額ご支援してくださったことが分かった。あまりにも唐突すぎる幕切れに、状況を理解するまで時間がかかったが、とにかく「終わった！」ということだけは分かった。

すぐにツイッターのDMで、柳田さんにメッセージを送った。

坂爪「柳田さーーーん！　プロジェクト、先ほど達成しましたね！！！！　万歳！！！」

柳田「坂爪さーーん！　おめでとうございます！！　やりましたね！　あまりに突然すぎて、とりあえずREADYFORの『プロジェクト成立後の流れ』読んでます」

しばらくは脱力感でいっぱいで、何も考えられなかったが、時間が経つにつれて、ようやく実感が湧いてきた。多くの人の力に支えられて、コロナ禍のクラウドファンディングというレッドオーシャンをなんとか泳ぎ切ることができた。支援してくださった方々には、感謝の気持ちしかない。頂いたご支援を有効に活用できるよう、これから頑張らねば……！　と決意を新たにした。

†応援コメントで胸がいっぱいに

十月五日二十三時、約九十日間のプロジェクトは終了した。最終的に、三百四十三名の支援者の方から、合計六百三十二万六千円のご支援を頂くことができた。三百四十三名分の応援コメントを読むと、胸が熱くなった。

「まだまだ世間の風当たりは強いですが、是非活動を続けて頂き、声の出せない方がより多く救われることを願っています」

「関心はあれど、どう支援したらいいのかわからず悩んでいました。活動、応援しています」

「給付金の使い道に悩んでおりました。個人的な消費ではなく何か人のために役に立てる使い方はないかなと考えていたところで、このプロジェクトの存在を知りました」

「自己責任という「呪いの言葉」に負けないでください」

「空論飛び交うネット議論に辟易してました。リアルで一番困難な分野、しかも無理解にさらされても、頑張る皆さんに敬意を込めて」

「私の妻も風俗で働いていて知り合い、結婚して、娘を産んで、日々子育てに奮闘しています。応援しています！」

「同じ女性として、弱い立場の女性に少しでもお役に立てることを願っています」

「業界の女性、スタッフの皆様のおかげで、いつも仕事を頑張れています。業界に関わる全ての方たちが、幸せでありますように」

「次回はもっと大きな支援ができるよう、私も頑張ります」

支援者の中には、夜の世界の人たちも大勢含まれていた。なかには、風テラスの相談やGAPの支援を利用してくださった方からのご支援もあった。広告を出稿したシティヘブン経由でプロジェクトの告知ページを訪問してくださった方は、一カ月で延べ一万七千七百六十八人に達した。シティヘブンから本プロジェクトの存在を知り、支援をしてくださった全国の男性客の方々の力も、非常に大きかった。

クラウドファンディングは、単なるお金を集めるための仕組みではない。信頼をベースにして人と人とのつながりを生み出す仕組みであること、さらに言えば、「当事者を増やす」ための仕組みであることが分かった。今回のプロジェクトへの支援を通して、世代や地域、職業や政治的立場を超えて、多くの方々が「身銭を切った当事者」として、私たちとつながり、性風俗の世界の課題解決に関わってくださるようになった。

当事者は、集めるものではない。代弁するものでもない。増やすものである。そう考えれば、当事者が声を上げない、上げられない性風俗の世界における「ソーシャルアクションの不可能性と不可避性」というジレンマを突破できるはずだ。

「他者への信頼」が欠如していた性風俗の世界の中で、クラウドファンディングという仕組みを使って、前例のない規模の信頼関係を生み出すことができた。この新しい信頼こそが、アフターコロナの世界において、昼の世界と夜の世界をつなぐための「橋」になるはずだ。

ようやく、持続化給付金をめぐる集団訴訟の時のような空回りでも独りよがりでもない形で、未来につながる既成事実を作り出すことができた、という手応えを得られた。

†クラウド（群衆）の力を集めて、壁を突破せよ！

終了翌日の十月六日、柳田さんとズームで目標達成を祝うオンライン飲み会をした。お互い子育ての真っ最中であることから、昼間の時間帯の開催になったため、ビールではなくお茶で「祝！　プロジェクト目標達成〜〜！！」と画面越しに乾杯をした。

思い起こせば、五カ月前に柳田さんとズームで慰労会をしたのが、全ての始まりだった。そこでの小さな閃きが、これだけ多くの人を巻き込むムーブメントになった。実現不可能に思えたプロジェクトを、多くの人の応援によって成功させることができた。改めて、プロジェクトを支援してくださった全ての皆様に対して、感謝の念が湧き起こってきた。

前述の通り、クラウドファンディングとは、これまでに個人や団体が培ってきた人間関係や活動実績、そして将来の可能性を、支援金という形で可視化・数値化するシステムである。それゆえに、失敗した時の精神的なダメージは大きく、挑戦の最中は生きた心地がしないが、成功したときの喜びは筆舌に尽くしがたいものがある。

クラウドファンディングによる資金調達は、始まりに過ぎない。むしろ、ここからが「夜の世界で孤立している女性・1万人に支援を届けるプロジェクト」のスタートである。

夜の世界で孤立している女性から発せられる「私はここにいます」というメッセージを見逃さずにキャッチすること。そして、支援者として「私はここにいます」というメッセージを発信し、彼女たちに確実に伝えること。夜の世界を利用する男性たちに対しては、「性的搾取の加害者」というレッテルを貼って叩くのではなく、「手を取り合って一緒にコロナと戦う仲間」として、共闘を呼びかけること。

公助から排除され、性風俗という「現象」に巻き込まれた人たちを、必要に応じて公助につなぎ直す仕組みを作ること。公助へのつなぎ直しを妨げる障壁が出現した場合、チームで力を合わせて、あるいはクラウド（群衆）の声や力を集めて、その障壁を突破すること。

こうしたソーシャルアクションを弛まずに繰り返すことで、風の力を利用してエネルギーを生み出す風力発電のように、社会に災厄をもたらすと見なされてきた「風」の力を、共助と包摂の歯車を回すためのエネルギーへと変換することができるはずだ。

終章では、コロナ禍におけるソーシャルアクションの実践から垣間見えてきた、夜の世界と昼の世界を分断している壁に風穴を開けるための方法を提示したい。

終章　誰もが性風俗の当事者に

†「早く行きたければ一人で行け。遠くに行きたければみんなで行け」

九月三十日、クラウドファンディングの最終イベントとして、「新型コロナと夜の世界3――風テラス相談員が語る、コロナ禍の相談現場のリアル」をオンラインで開催した。

二〇二〇年一月から九月まで、風テラスでは二千四百名を超える女性の相談を受けた。三月の一斉休校、四月の緊急事態宣言、五月の宣言解除、七月以降の第二波の到来と、刻々と移り変わる情勢の中で、風テラスに寄せられる相談内容もめまぐるしく変化していった。

約七十名の参加者が視聴する中、風テラスの相談員がコロナ禍の相談現場のリアルを語り合った。

佐藤SW「相談の最中は、「ソーシャルワーカーとしてできることは何なのか」を必死になって考えて対応をしていたのですが、弁護士やソーシャルワーカーという職種の枠を超えて、人間として一緒に相談を受けることが重要だと感じました。

SWの視点と弁護士の視点から、一緒にメッセージを送る。二人で相談を受けることで、相談者の方に「生きていてほしい」というメッセージを二倍増で伝えて、勇気づけたい。一人では、相談が殺到する状況を乗り切れなかった。チームで相談を受けることで、自分自身もこのコロナ禍を乗り切ることができたと思います」

三上弁護士「通常の法律相談の場面では、弁護士は本人からの質問にそのまま答える、という形になりがちなのですが、SWは「なぜその質問が出てくるのか」というところを掘り下げて、「最近眠れていますか?」「病院、ちゃんと行けてますか?」といった問いかけをしてくださるのがすごく印象的でした。SWと一緒に相談を受けることで、弁護士が見落としがちな相談者からのサインに気がつくことができました。

四月の緊急事態宣言の時の相談は、相談をされる側ももちろん辛いと思うのですが、相談を受ける側も辛かったです。「死にたいです」「辛いです」という相談を毎日全力で受け止めてしまうと、場合によっては精神的に崩れてしまいます。チームで受けることで、「さっきの相談、大変だったね」と意見を交換し合うことで、お互いを支え合うことができると感じました」

コロナ禍における日々の相談支援や署名キャンペーン、クラウドファンディングなどのソーシャルアクションは、全てチームで行ってきた。「早く行きたければ一人で行け。遠くに行きたければみんなで行け」(If you want to go fast, go alone. If you want to go far, go together.) という格言があるが、まさに「遠くに行く」ためにはチームの力が必要不可欠だと改めて痛感した。

†本人に解決する力を身につけてもらうために

一方、今後の相談支援の課題としては、相談に伴う心理的ハードルを下げることに加えて、ただ解決策を伝えるだけでなく、本人が自分で課題を解決できる力を身につけるための支援を行うことの重要性が指摘された。

鈴木愛子弁護士「名古屋の風テラスでは、市の生活困窮者自立支援事業と連携していまして、事務所に案内のカードを置いてあります。窓口に相談することに抵抗を感じている人に対して、「私も会ったことのある、風テラスの活動も知っている方々がいるから、大丈夫ですよ」と伝えると、相談へのハードルを下げる効果がある。

改めて思ったのは、風俗で働くことを肯定も否定もしないことの大切さです。ただ債務整理をするだけでは、その人の人生の課題は解決できないこともある。客観的な事実としての大変な部分の問題解決に焦点を当てて、フラットに困りごとを相談できるようにしなければいけない。

性が絡むと、自分の性愛に対する価値観が全面に出てしまう福祉関係者も少なくない。支援者の個人的な感情のスイッチが入ることで、結果的に支援の対象者を抑圧してしまうリスクがある。支援者個人の価値観・感情を相対視することがとても難しい分野だけれど、だからこそ、そのことに自覚的になることが重要。性愛に関する自分の価値観をいったん脇に置いて、ソーシャルワークの言葉を使えば「統制された情緒的関与」を基にして支援する必要があると思います」

坪内弁護士「コロナによって、風俗で働く人たちが元々抱えていた問題が顕在化したのであれば、そこにアプローチしていかなければいけない。解決手段を伝えるだけでなく、本人に解決する力を身につけてもらうための試みが必要になってくるのではと思います」

徳田弁護士「この半年を振り返っての反省点としては、緊急小口資金をたくさんの方に案内してきたけれど、本当にそれで良かったのか……という思いがあります。申請方法が分からない人や、そもそも自分が申請できるのか不安な方が多かったので、風テラスとして、緊急小口資金の申請方法についての情報発信を行いました。

ただ、緊急小口資金は借金です。適切な言い方ではないかもしれませんが、私たちは借金を勧めたことになるわけです。本当に生活を再建できるのかどうかが見えない中で借金を勧めて、結果自己破産することになりました、と言われた時に、本当にあれでよかったのかな……と。

私が後悔することではないのかもしれません。あの時期に、生活に困っている人を少しでも助けられる手段として、できる限りのことをしたつもりですが、もっと先を見据えて相談に乗らなければいけないのでは、とも感じました。

また税金や確定申告の問題については、風テラスで相談を五年間受けてきて、たくさん耳にする機会があったのだけれども、ご本人がそこで悩んでいないこともあり、あえて掘り下げなかった。

でも、あの時「税金の申告はきちんとしていくべきですよ」と声をかけていれば、こういう事態になった時に、その人たちも胸を張って役所に行けたはずだと考えると、悔しいなと思います。

コロナ禍で、風俗で働く女性の相談を受けた窓口は、数で言えば風テラスが一番多かったと思います。私たちはその立場を自覚して、これからの相談体制を築いていかないといけないなと思いました」

†「とにかく出勤すれば何とかなる」という呪縛

自分で課題を解決する力を身につけるためには、「目の前にある課題を認識すること」と、「それぞれの課題に優先順位をつけること」の二つが必要になる。

しかし、性風俗の世界で働く女性の中には、抱えている困難や課題を直視できない人、優先順位をつけられない人が少なくない。彼女たちは、決して困難から逃げているわけではない。判断力が低いわけでもない。「とにかく出勤すればなんとかなる」という経験則が強烈に脳裏に焼き付いており、それが消えないのだ。

コロナの影響で出勤しても全く稼げない日が続き、携帯が止まり、所持金も尽き、寝泊まりしているホテルやネットカフェの料金も払えなくなり、さらにクラミジアや淋病などの性感染症の自覚症状が出ていてもなお、「とにかく出勤すればなんとかなる」という考えが消えず、風テラスの相談予約をドタキャンして出勤してしまう女性もいた。

さらに、経営の苦しい店側も「とにかく女性を出勤させれば何とかなる」と思い込んでおり、上記のような状況にある女性に対して、「支援団体や行政窓口には行くな」「性病は医者に行けば二日で治る」「引き続き出勤しろ」と要求するケースもあった。

コロナ禍で性風俗の世界が止まった後も、この「とにかく出勤すればなんとかなる」という信仰は消えずに残り、結果的に多くの女性たちにとって、公助につながることを妨げる足枷になった。

それでもいつか必ず、出勤できなくなる日＝これまで目を背け続けてきた課題を直視しなければならない日はやって来る。彼女たちが、見たくない現実と向き合わなければならなくなったタイミング、多重化した困難の中で心が折れそうになったまさにその瞬間に、そばにいて適切な支援を届けられるよう、細く、長くつながり続けていくこと。これがこれからの私たちの課題になるだろう。

†「公助につなぎ直すための共助」を作る

夜の世界は、「公助から排除された人たちのための共助」であった。それが今回のコロナ禍で崩壊した結果、多くの女性たちが、努力（自助）も通じず、助け合い（共助）もできず、公的支援（公助）にもつながれない奈落に叩き落されてしまい、地獄のような苦しみを味わうことになった。

そうした中で、私たちが二〇二〇年を通して実施してきた相談支援やソーシャルアクションは、「公助につなぎ直すための共助」を作ることだった、と整理することができる。

公助の一つである社会保障制度は、申請主義に基づいて運営されている。どれだけ生活に困窮しても、手持ちのお金が無くなっても、役所の職員が自宅までやってきて「あなたは生活保護の受給要件に該当しています。申請に必要な書類を持ってきたので、今ここで手続きを済ませてください」と案内してくれることはない。スマホに通知が届くこともない。

困っている本人が制度の情報を自ら集め、自力で必要な書類を過不足なく揃えて、役所の窓口まで直接申請に行くしかない。性風俗で働く女性たちの多くにとって、それがどれだけ困難なことなのかについては、第一章で述べた通りだ。

自助努力だけではどうしようもなくなった時のための公助は用意されているが、自助努力がないと公助にはつながれない、という矛盾がある。だとすれば、「公助につなぐための共助」を充実させることが、性風俗で働く女性を含めた社会的に孤立しやすい立場にある人たちにとって自立して生きていくための必要条件になるはずだ。

「公助から排除された人たちのための共助」が、夜の世界に張り巡らされている転落防止のためのセーフティネットだとするならば、「公助につなぎ直すための共助」は、再び昼の世界に舞い戻ることを手助けするトランポリンである。

ベクトルの異なる二つの共助があれば、性風俗の世界を「一度巻き込まれたら、なかなか抜け出せない場所」から「一時的に巻き込まれたとしても、そこから抜け出すための出口や支援がたくさん用意されている場所」へと変えていくことができる。

夜の世界で働き続けるにせよ、昼の世界に戻るにせよ、兼業や出戻りなどの形で両方の世界を行き来するにせよ、この不安定な社会の中で、女性たちが自立して生きていくための支えを作ることができる。

共助は、公助と対立するものでもなければ、公助の下請けでもない。アフターコロナの時代において必要なことは、公助と対等かつ相互補完的な関係にある「二つの共助」として機能するように、性風俗の世界をデザインしていくことである、と私は考える。

†公助の限界の中で

風テラスの女性相談員からは、「性風俗で働く女性の相談を受けていると、今の社会で女性が自立して生きることの難しさについて、考えさせられます」という声が度々聴かれた。男女間の経済格差や性差別など、ジェンダー不平等の解消が一向に進まない社会の中で、女性が自立して生きることの困難や不条理が凝縮されているのが性風俗の世界であることは間違いない。

コロナ禍で女性の貧困に注目が集まる中、私の地元である新潟の女性議員（市議会議員・県議会議員・国会議員）の方々から「性風俗の世界で困窮している女性の現状と課題を知りたい」という声が次々に届き、市役所や県庁、事務所で意見交換をする機会を頂いた。議員の方々との話し合いで見えてきたのは、「公助の限界」だ。二〇二〇年三月以降、コロナの影響で生活に困窮している人たちに向けた緊急対策として、市区町村・都道府県・国単位で様々な支援制度が矢継ぎ早に作られた。現場の当事者や支援団体の声を聞いて迅速に議員が動き、国に要望を提出したことによって、既存の制度の適用対象が広がり、申請要件も緩和されて、制度の使い勝手はかなり改善された。

しかし、いくら制度を作っても、要件を緩和しても、行政の窓口が忙しすぎて対応できない。現行の福祉制度では、申請の際に窓口での聞き取りと書類提出を前提としているため、災害などの非常事態で多くの人が同時に生活に困る事態には対応できない。十万円の特別定額給付金も、オンライン化されたのは申請だけで、後の手続きは自治体職員による手作業になり、郵送による申請よりも逆に時間がかかってしまうことが問題視された。

国がひっきりなしに通達を出しても、現場で激務に追われている職員には、制度の何がどう変わったのか、これから何をどうしていけばいいのか、理解する時間すらない。情報が錯綜し、事務作業量が膨大になり、現場が逆に混乱・疲弊してしまう。

そして生活に困っている人たちは、制度が利用しやすくなったこと、もしくはそうした制度があること自体を知らない。結果として、必要な人に支援が届かない。そうした現状を国に訴えても、「必要な制度は用意してあります」「通達は出しております」と言われるだけ。場合によっては、縦割り行政の中、別々の省庁の管轄で同じような制度だけが重複して増えていってしまうこともある。

新しい制度を作れば、「国民の声を聞いて、動いた」というエクスキューズ（言い訳）にはなる。しかし、そうした制度が国民の利益に本当に結びつくかどうかは分からない。制度を作るよりも、制度をうまく運用する方がはるかに難しい。

†「正解」を即答できないもどかしさ

前述の通り、性風俗の世界は、制度の隙間に落ち込んだ人たちのためのセーフティネットとして機能してきた。公助の限界ゆえに、共助としての性風俗は存在する。だとすれば、どれだけ制度を新設・改善したとしても、根本的な解決策にはつながらない。新たな制度が生まれても、新たな隙間が生まれるだけだ。

署名キャンペーンで行ったように、休業補償や持続化給付金の対象から性風俗を除外しないでほしい、といった「マイナスをゼロに近づける」ための訴えはできるが、「この制度をこう変えれば、救われる人が増える」といった「ゼロをプラスに近づける」ための提言がうまく出せない。あちこちで公助の限界が露呈している状況、行政窓口自体が疲弊・

混乱している状況では、なおさらだ。

女性議員の方々からは、それぞれ市のレベル、県のレベル、国のレベルで「何かできることはないか」というお申し出を頂いた。お気持ちは非常にありがたかったが、考えれば考えるほど、「これだ」という答えが出てこない。市や県レベルでできることは限られている。これ以上の給付金も貸付も休業補償も、焼け石に水だ。多くの支援は世帯単位や企業単位なので、仕事のことを家族に言えず、会社員でもない彼女たちには届かない。就労支援を充実させるにしても、そもそもコロナ禍で労働市場自体が壊れているし、最低賃金も低い。仮に最低賃金を上げたところで、性風俗の水準（時給換算で五千円〜一万円）には到底及ばない。

こうした状況下では、みんなでネガティブ・ケイパビリティ（＝どうにも答えの出ない・対処しようのない事態に耐える能力）を発揮するしかない……という横文字でごまかしたくなった。

コロナ禍の中で二千人以上の女性の相談を受けてきたにもかかわらず、議員の方々からのせっかくの申し出に対して、うまく即答できない自分が情けなかった。

†どんな人も、夜の世界に無関心ではいられるが、無関係ではいられない

そうした葛藤の中で、ふと気がついた。市民・県民・国民を代表する議員の方々が、「性風俗の世界で働く女性たちのために、行政として何かできることはないか」と声をかけてくださったこと、それ自体が大きな変化なのではないだろうか。

第三章で述べた通り、コロナ禍における性風俗をめぐるソーシャルアクションでは、これまで性風俗の世界に関わっていなかった多くの方々が声を上げてくださった。学生から国会議員に至るまで、年齢・性別・職業・社会的立場を問わず、多くの人が「何か自分にできることはないか」「活動を応援したい」と申し出てくださった。これほどの「追い風」は、コロナ以前の「風」の世界では、全く考えられなかったことだ。

こうした状況は、「非当事者が声を上げた」というよりも、「みんなが当事者になった」と表現する方が正確なのではないだろうか。声を上げずにはいられない時点で、その人の中には、何らかの当事者性が芽生えているはずだ。そうした芽を「当事者/非当事者」という二元論で区分けすることに意味があるとは思えない。みんなが声を上げて、みんなが当事者になれば、社会的な差別やスティグマは解消されていく。

性風俗の世界における当事者は、現場で働いている女性や店長、内勤スタッフやドライバーだけではない。性風俗を「現象」として捉えれば、私たち支援者も、性風俗産業の存在自体に否定的な人も、割り切れないモヤモヤした気持ちを抱えている人も、「現象」に巻き込まれているという意味で、全員当事者である。本書を手に取って読んでくださっているあなたも、もちろん当事者の一人である。

性風俗のように、当事者にスティグマが付与されているがゆえに、当事者が声を上げづらく、当事者意識も持ちづらい領域においては、「みんなに当事者になってもらう」ことが、課題解決のための一つの解だと言えるのではないだろうか。

そうなれば、ソーシャルアクションを起こすにあたって、特定の個人や事業者が矢面に立つ必要はなくなる。「当事者とは誰か」という答えのない議論や、「当事者の声を正しく代弁しているのは誰か」というマウンティング合戦の隘路に陥ることも回避できる。署名キャンペーンやクラウドファンディングのように、怒りをソーシャルアクションとして昇華する仕組みがきちんと整っていれば、確実に社会を動かしていくことができるはずだ。

第二章で述べた通り、性風俗をはじめとした夜の世界で働く女性は、家庭や地域のエッセンシャルワーカーである。そして夜の世界自体が、公助の限界を補う共助の役割も果たしている。コロナ禍で夜の世界に注目が集まった背景には、「どんな人も、夜の世界に無関心ではいられるが、無関係ではいられない」という現実がある。程度や自覚の差は異なるが、誰もが一定の当事者性を有しているはずだ。

だとすれば、それぞれの有している当事者性や問題意識の濃淡に合わせて、可処分時間や可処分所得の範囲で、この世界の課題解決に関わっていけばいい。

業界団体がなくても、当事者団体がなくても、匿名でも、オンラインでも、「私たち当事者」は団結できたし、声も上げられた。そして、試行錯誤を繰り返しながらも確実に社会を変えていくことができた。これこそが、二〇二〇年に得られた、最も価値のある既成事実ではないだろうか。

既成事実の積み重ねによって存続してきた世界をアップデートするために必要なのは、道徳論でも、理想論でも、感情論でもない。現場で新たな既成事実を積み重ねていくこと、それだけだ。

つながりを失って夜の世界に巻き込まれた女性たちと、新しいつながりをつくり続けていくこと。「みんなを当事者にする」ことによって、ソーシャルアクションを起こし続けていくこと。そのための仕組みを、組織や文化の形で次世代に伝えていくこと。

こうした既成事実を楔として打ち込んでいくことで、夜の世界と昼の世界を分断している分厚い壁に、いつか必ず風穴を開けることができるはずだ。風の止まった世界にも、再び風の吹く日は必ずやってくる。夜の世界に、「私たちの風」が吹き渡る日を願って。

あとがき

「この本が多くの人の手に届くことが、今後の風テラスの活動にとって非常に重要になると考えています。出版の効果を最大化するために、本のプロモーション自体も、SVPのチームによる協働の範囲に含めたほうがいいと思うのですが、いかがでしょうか？」

SVP（ソーシャルベンチャー・パートナーズ）東京のメイさんより、スラックで提案が届いた。私は即座に、「もちろん大歓迎です！　本のプロモーションにも、チームの皆様の力を貸して頂けると、非常に心強いです」と返信した。

二〇二〇年秋、風テラスは、社会課題の解決に取り組む革新的な事業に対して、資金の提供と経営支援を行っているSVP東京の投資協働先に選ばれた。

選考のプレゼンテーションはオンラインで行われ、協働が開始された現在も、メイさんを含めた十名のメンバーとは、全てズームやスラックなどで打ち合わせを行っている。

ＳＶＰ東京のチームは、これまで性風俗の世界に関わりがあったわけではないが、風テラスの活動に共感してくださった会社員・自営業・専門職のメンバーで構成されている。営業、マーケティング、プロジェクト管理、事業戦略、社会合意形成など、それぞれの立場から知恵とスキルを提供してくださっている。まさに終章で述べた「私たちの風」を体現するチームだ。

コロナの影響で私が東京に行けなくなったため、十名のメンバーとはいまだに一度もリアルで会ったことがないが、選考を突破するためのプレゼン資料の作成や、協働開始後のプランやビジョンづくり、助成金申請などの作業を共に行ったことで、チームとしての一体感は十分に育まれている。

本書で述べてきた通り、コロナ禍のソーシャルアクションは全てチームで行ってきた。これからも、引き続きチームの力を発揮して、風テラスの相談体制と財務基盤を強化し、より多くの女性に適切な法的・福祉的支援を届けられる仕組み、そしてより効果的なソーシャルアクションを巻き起こしていける仕組みをつくっていきたいと考えている。

二〇二〇年は、文字通り「激動」と呼ぶしかない一年だったが、私自身は、物理的にはほとんど動かなかった。県を跨いだ移動や面会が制限されたため、四月以降は新潟の仕事場にこもりっぱなしで過ごすことになった。

一日中、どこにも行かず、誰とも会わずに過ごしているにもかかわらず、スマホを通して連日全国の女性たちとやり取りを続けたことで、夜の世界、そして社会の動きを痛いほど肌で感じることができた。社会の地殻変動とソーシャルアクションの確率変動が起こっている状況下で、仕事場の椅子に座ったまま、約一万人の署名を集めて国に提出し、クラウドファンディングで六百万円超の支援を集め、全国で三千人近い女性の相談を受けた。

物理的には全く動かなかったにもかかわらず、自分も社会もメチャメチャ「動いた」という、本当に不思議な一年間だった。


……原稿を書き終えて手元の相談専用スマホを見ると、もう二十三時半を過ぎている。日付は十二月三十一日。今年もあとわずかだ。

二〇二〇年は終わっても、コロナ禍はまだまだ終わらない。一日の感染者数も、連日過去最高を更新し続けている。三十一日の時点で、東京都では初めて一日の感染者数が千人を超えた。感染拡大に歯止めがかからない中、役所が閉まってしまう年末年始にかけて、多くの人が生活に困窮し、路頭に迷うことが危惧されている。

こうした状況下で、一人でも多くの人に支援を届けるため、全国各地で民間の支援団体による相談会や炊き出し、食料配布が行われている。風テラスでも、元日からオンラインで特別相談会を開催する。弁護士とSWの相談員チームも、正月返上でスタンバイしてくれている。既に相談予約も満員だ。

今年一年間に起こった出来事を思い出しながら、支えてくれた全ての人に感謝しながら、そしてスマホの向こうにいる女性たちの姿を想像しながら、ツイッターで今年最後のツイートをした。

全国のキャストの皆様

二〇二〇年を無事に生き延びた自分を
まずはほめて、いたわってあげてください。

そして来年も、この風の世界の中で
力を合わせて生き延びていきましょう。

風の吹く日も、風が止まった日も、
いつでも #私たちはここにいます。
ご相談、お待ちしています。

風テラス相談員一同

謝辞

「夜の世界で孤立している女性・1万人に支援を届けるプロジェクト」に温かいご支援をくださった梅澤千尋さん、鈴木美憂さん、熊田陽子さん、Ω子さん、柏木ハルコさん、菅原愛さん、橋本卓志さん、木山伸二さん、大宮昌治さん、宮原直人さん、坊野愛さん、野田沢さん、杤本浩紀さん、小出浩一郎さん、山本郁也さん、新潟風俗講師ゆうさん、古橋翼さん、鶴見晴子さん、鈴木ロバートさん、箭竹伸一さん、梶川信夫さん、高校教員・渡辺克彦さん、高瀬浩紀さん、藤山優人さん、車寅壱郎さん、林志保さん、志村駿介さん、福井由理子さん、坂本大輔さん、徳永智子さん、市東剛さん、春田彩夏さん、志村広樹さん、髙田操さん、石橋秀仁さん、押谷仁さん、野元悠子さん、坪野吉孝さん。皆様のおかげで、無事にプロジェクトを成立させることができました。心より感謝いたします。

寄付のお願い

風テラスは、皆様から寄せられた寄付金によって運営しております。
皆様からの温かいご支援をお待ちしております。

寄付金の振込先口座
ゆうちょ銀行　【記号】11200　【番号】40623041　【名義】フウテラスキキン
＊他金融機関から、ゆうちょ銀行へお振込みの場合
【店名】一二八（イチニハチ）　【店番】128　普通預金　【口座番号】4062304

マンスリーサポーター募集中（月額五百円からご寄付頂くことができます）
詳しくは風テラスのサイト（https://futeras.org/、右下のＱＲコード）をご覧ください。

第一章「＃すべての親子を置き去りにしない」で登場した認定ＮＰＯ法人フローレンスへのご寄付はこちら
■三菱ＵＦＪ銀行　深川支店　普通 1784434 トクヒ）フローレンス
寄付に関する詳細はこちら　https://florence.or.jp/donate/
＊認定ＮＰＯ法人フローレンスへのご寄付は、確定申告によって寄附金控除を受けることができます。

9　地域別の相談者数

1位	東京都	573名			
2位	大阪府	202名			
3位	神奈川県	132名			
4位	埼玉県	84名	12位	京都府	25名
5位	福岡県	78名	13位	広島県	23名
6位	北海道	74名	14位	静岡県	21名
7位	千葉県	70名	15位	茨城県	18名
8位	愛知県	63名	16位	岐阜県	16名
9位	兵庫県	41名	17位	長野県	15名
10位	宮城県	38名		熊本県	15名
11位	新潟県	37名		沖縄県	15名

性風俗店の集まる繁華街のある大都市圏からの相談が多い。４～５月の緊急事態宣言時には、福岡県（福岡市・中洲）、愛知県（名古屋市）からの相談が目立った。出稼ぎ先として選ばれている熊本県や沖縄県からの相談も多かった。11月以降の第三波の際は、北海道の札幌市（すすきの）からの相談が急増した。住所不明の相談者は合計1,232名。

8　相談内容

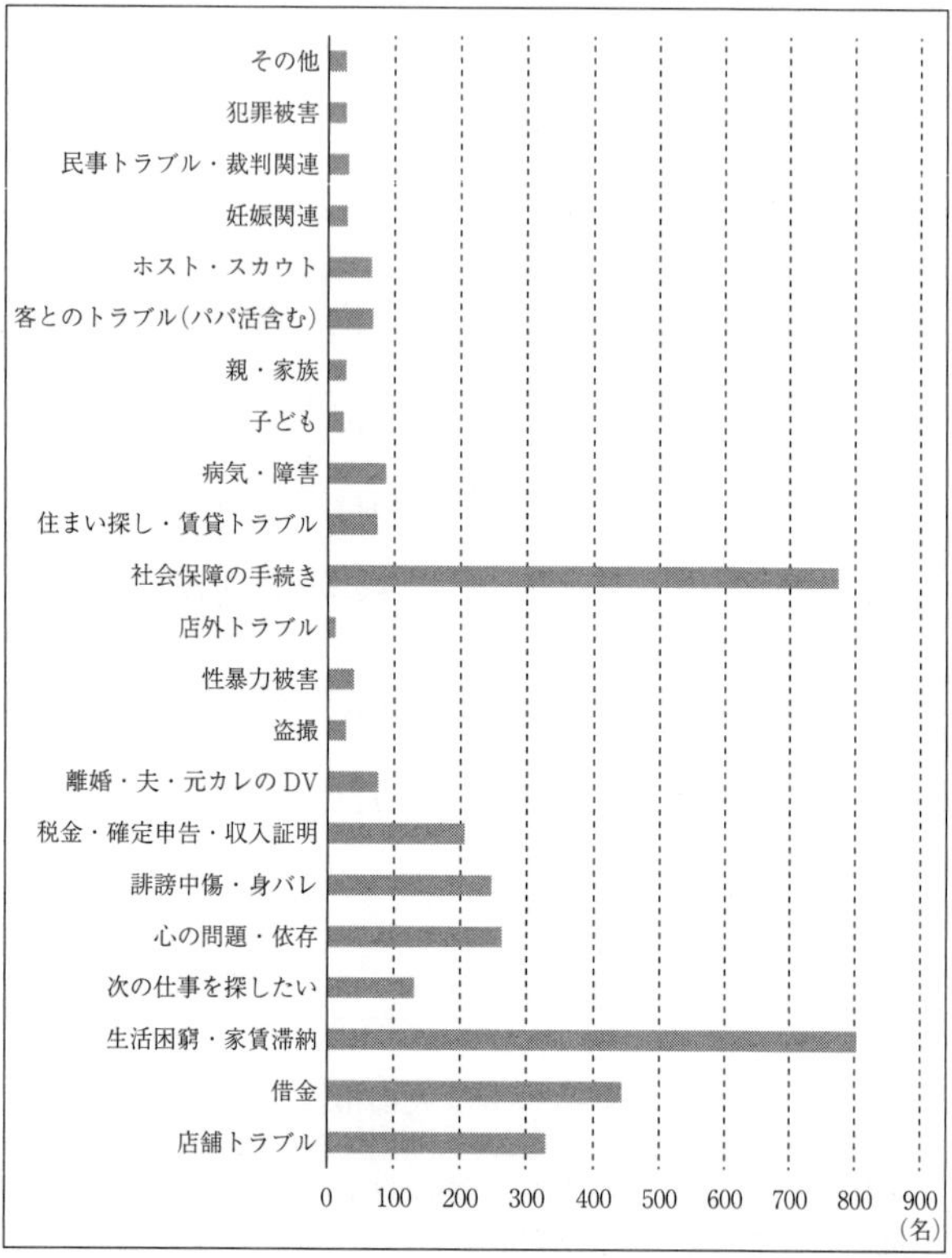

　コロナ禍では、収入減や家賃・支払の滞納などの生活困窮に関する相談と、緊急小口資金や持続化給付金、生活保護などの社会保障の手続きに関する相談が圧倒的に多かった。コロナの影響で性風俗店での収入が激減し、生活に困ってしまったものの、性風俗で働いていることが言えずに、また確定申告をしていないことが不安になって、行政の支援制度や貸付を利用できない（もしくは利用できないと思い込んでいる）女性が非常に多かった。

7　相談経路

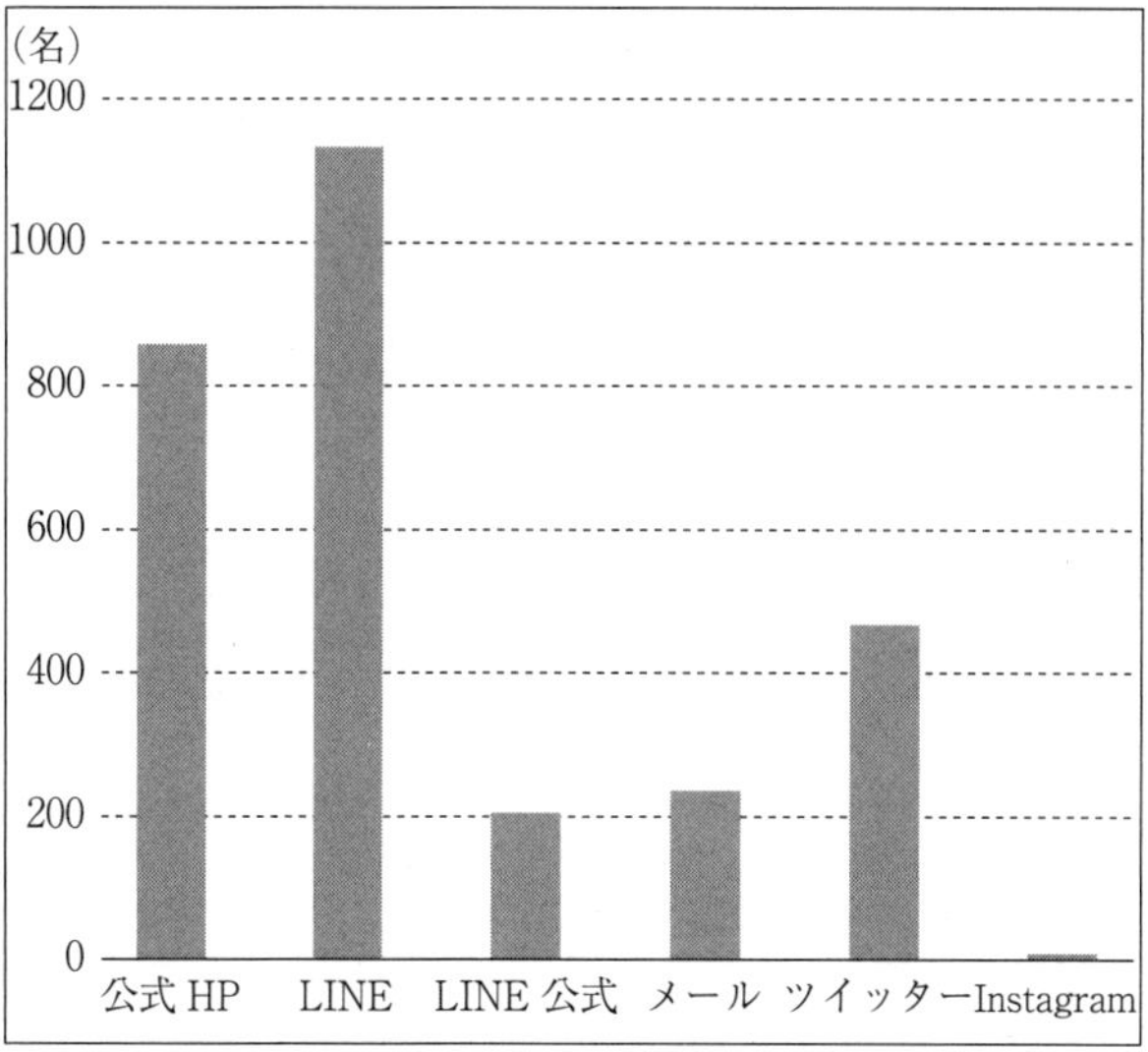

LINE からの相談が最も多い。LINE の場合、匿名かつリアルタイムで相談ができる、緊急時にはすぐに LINE 通話で相談につなげられる、という利点がある。「ツイッターで風テラスを知って LINE で相談」という女性も多かった。女性と容易につながることができる反面、「短文でのやりとりが中心になり、相談者の状況が把握しづらい」「記号や絵文字など判読不能なアカウント名も多く、相談者の検索がしづらい」「相談の当日キャンセルが多くなる」などのデメリットもある。Instagram からの相談は年間 9 件に留まった。今後は YouTube（動画）や Clubhouse（音声）を活用した情報発信や相談受付も検討したい。

業種別では、デリヘルが最も多い。緊急事態宣言下では、昼職との兼業の女性が多いデリヘルに比べて、専業の女性が多い傾向のあるソープからの相談が相対的に増加した。無店舗型のデリヘルに比べて、店舗型のソープやヘルスは休業や自粛によるダメージが大きかった。

近年店舗数が増加しているエステ（マッサージに加えて、ボディタッチや手による射精などの性的なサービスを行うマッサージ店）やメンズエステ（オイルマッサージや鼠径部のみのタッチで、性的なサービスは行わないという建前で営業している店。女性個人が客との交渉で性的なサービスを行っている店や、お店が性的サービスを黙認・推奨している店もある）からは、講習代をめぐる店舗とのトラブル、接客中の盗撮や性暴力、直引きした客との店外トラブルなどの相談が多かった。

セクキャバは、店舗の営業不振に伴う給与の未払いに関する相談が中心になった。チャットレディに関しては、「性風俗で稼げなくなったため始めたが、全く稼げない」という相談が目立った。コロナ禍への対応として、店舗ではなく個人（パパ活）、リアルではなくオンライン（ライブチャット）で稼ぐ、という業種転換を試みたものの、思うように稼げなかった女性も多かったと思われる。キャバクラやガールズバーなどは性風俗業ではないので本来は風テラスの対象外だが、従事者の抱える悩みには性風俗業と共通のものが多いため、相談が来た場合は随時対応している。

風テラスの公式サイト経由の相談依頼は、相談予約フォームで業種の記入欄を設けている。LINE やツイッター経由の相談の場合、相談者の詳しい業種は不明なことが多い。

6　相談者の業種

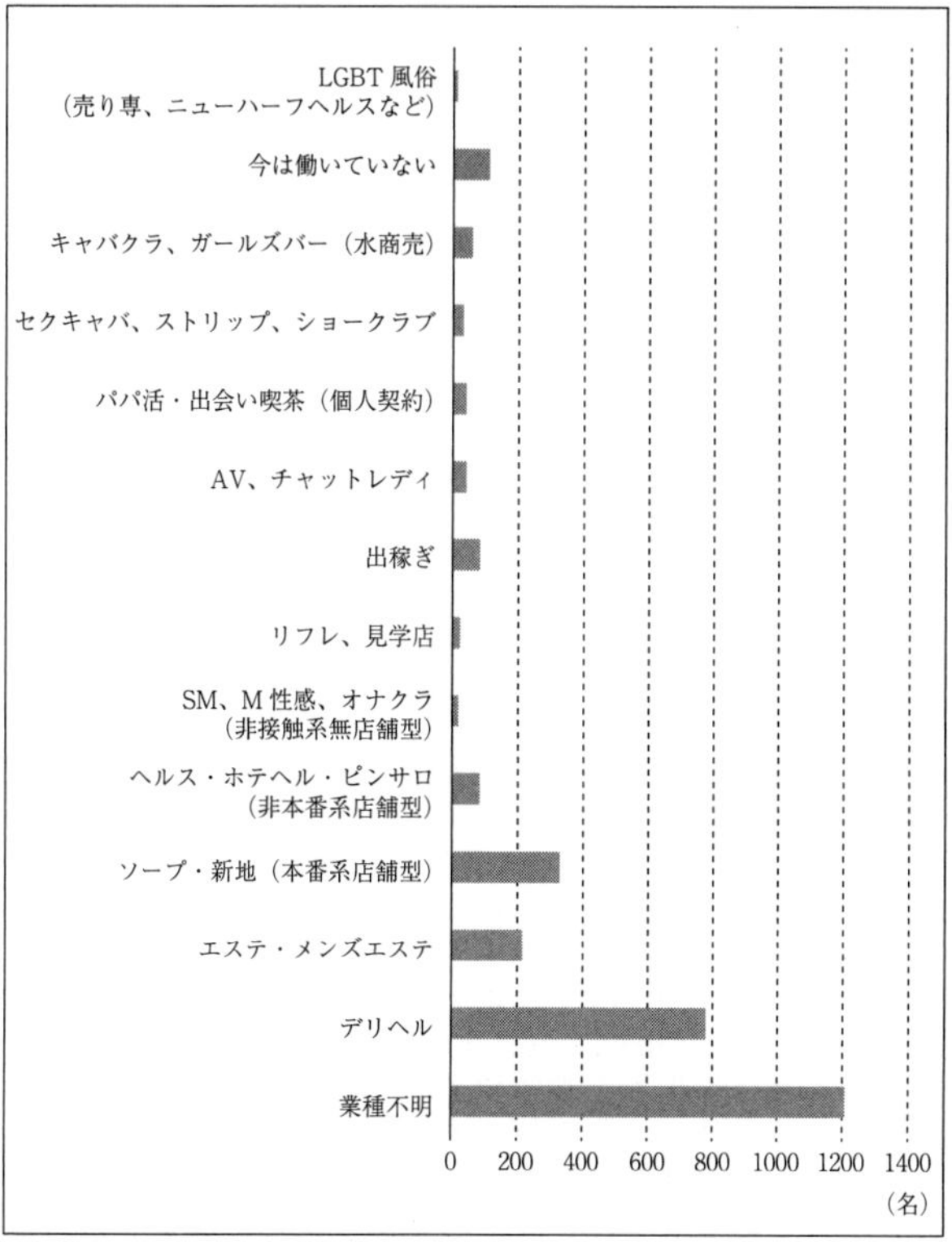
LGBT 風俗
（売り専、ニューハーフヘルスなど）
今は働いていない
キャバクラ、ガールズバー（水商売）
セクキャバ、ストリップ、ショークラブ
パパ活・出会い喫茶（個人契約）
AV、チャットレディ
出稼ぎ
リフレ、見学店
SM、M 性感、オナクラ
（非接触系無店舗型）
ヘルス・ホテヘル・ピンサロ
（非本番系店舗型）
ソープ・新地（本番系店舗型）
エステ・メンズエステ
デリヘル
業種不明
0
200
400
600
800
1000
1200
1400
（名）

5　相談者の年代

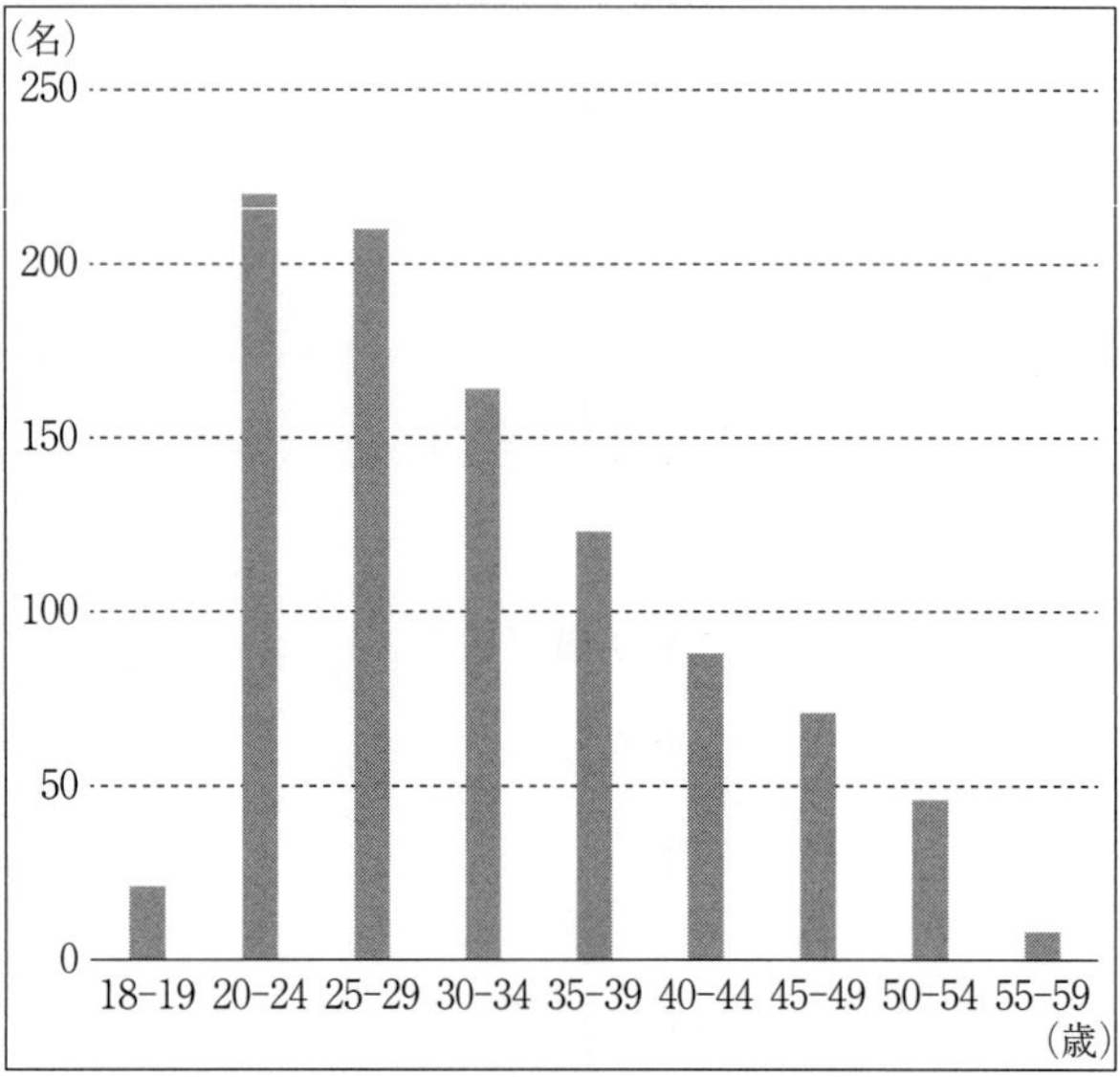

相談者数は、20代前半をピークに、年齢が上がるにつれて減っていく。加齢とともに収入が減り、働きづらくなっていく性風俗の世界を端的に表している。一方、40代以上の相談者は全体の２割を超えており、性風俗店で働く女性の高齢化と勤務期間の長期化は確実に進展している。10代の相談者数の少なさは、今後の課題である。風テラスの公式サイト経由の相談依頼は、相談予約フォームで年齢の記入欄を設けている。LINEやツイッター経由での相談の場合、相談者の年齢は不明なことが多い。「年齢不明」の合計は1,920名。

4　曜日別相談者数

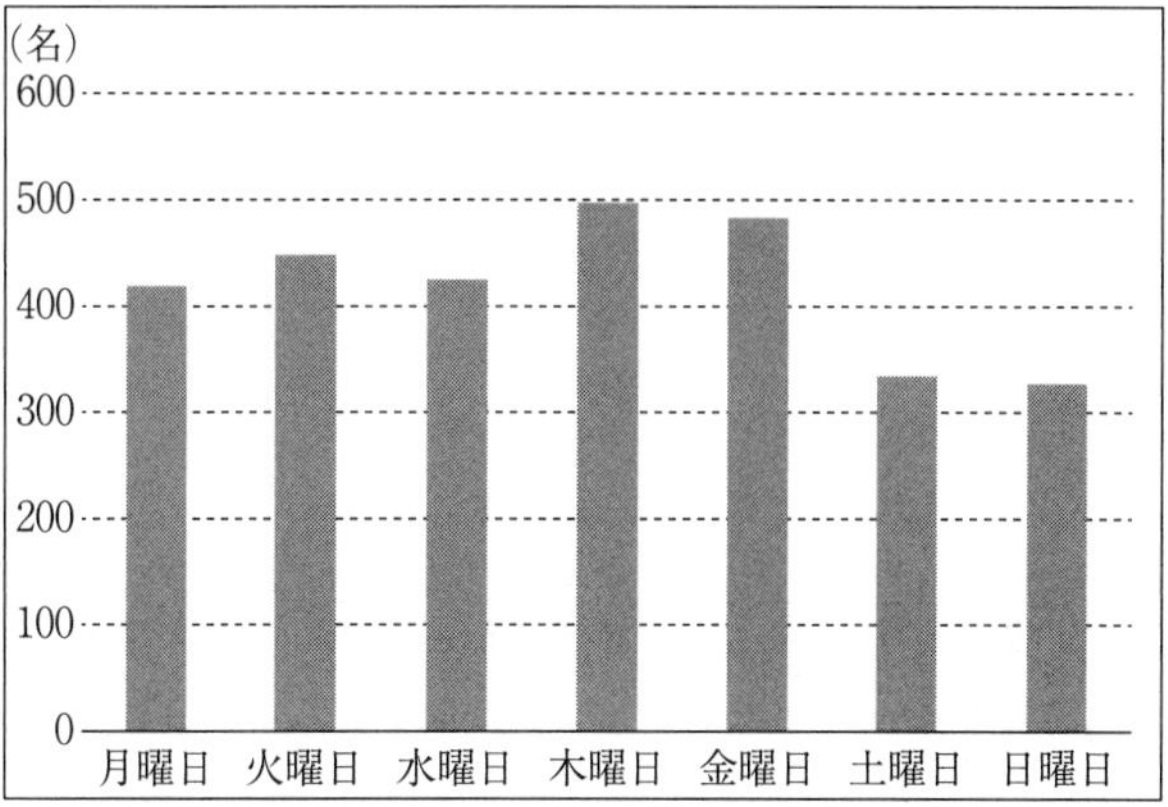

性風俗店の利用客が増える土日は、明らかに相談が減る傾向がある。

最も相談が多くなるのは木曜日。週末～土日に入る前の比較的利用客数の少ない曜日であり、相談の時間を取りやすいからだと思われる。

また東京都での新型コロナの感染確認者数は、（週末は医療機関が休みで検査数が少なくなるため）週明けには少なくなり、木曜日に増加する傾向があった。感染確認者数の増加を告げるメディアの速報を見て不安になった女性が相談に来る、という影響もあったものと思われる。

3　相談依頼の来る時間帯

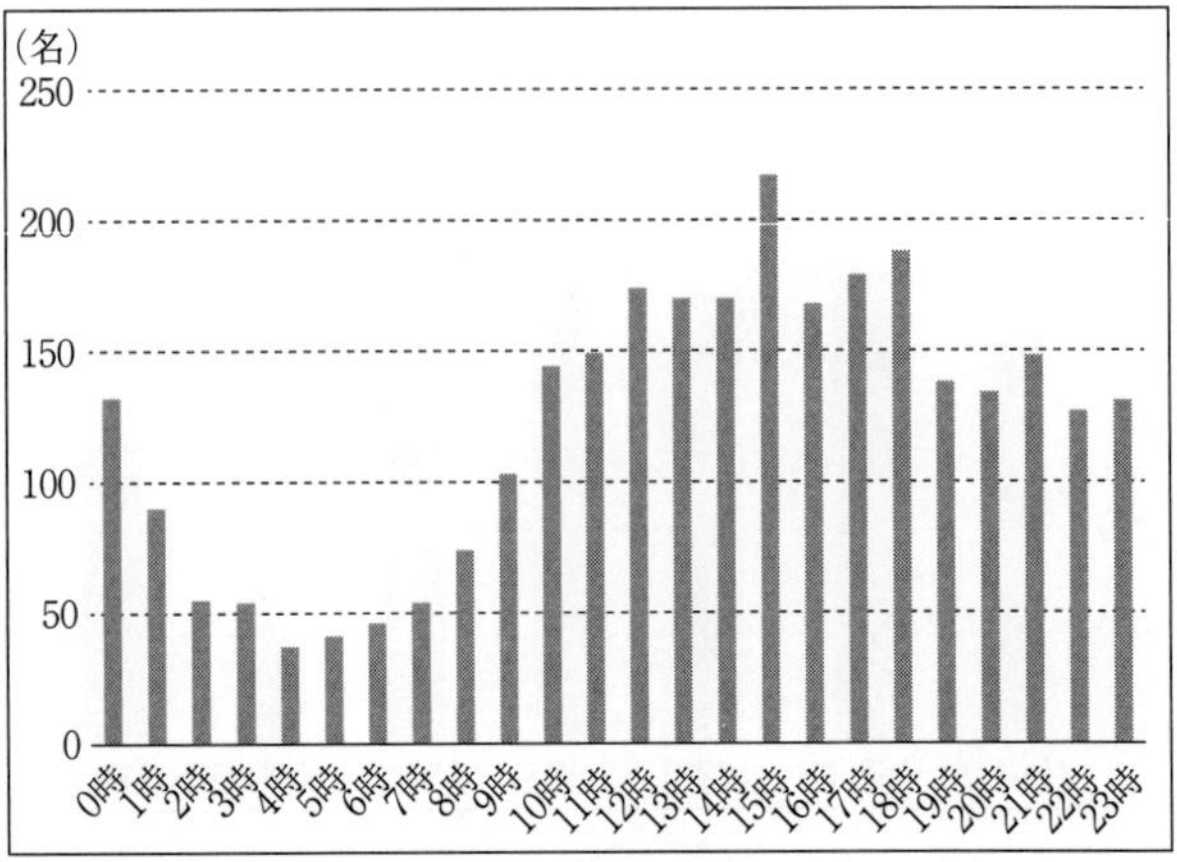

相談の増えるピークは、15時〜18時の間。早番の時間帯（10〜17時）では、お昼過ぎから相談者が増える傾向にある。遅番の時間帯（18〜23時）の相談は、21時頃が多くなる。性風俗店で働く女性は夜間に働いているイメージが強いが、深夜帯〜早朝（0〜7時）の相談は少ない。

風テラスの相談会は、相談のピークに合わせて、主に平日の日中（13〜18時の間）に開催している。風俗の仕事は完全自由出勤＝出勤日・時刻を自分で決められるため、相談者との日程調整は比較的スムーズに行えることが多い。出勤中の待機時間（もしくは自宅での待機中）に相談予約を入れる女性もあり、急遽指名が入って予約がキャンセルになる場合もある。

2　相談依頼が来る日（一カ月）

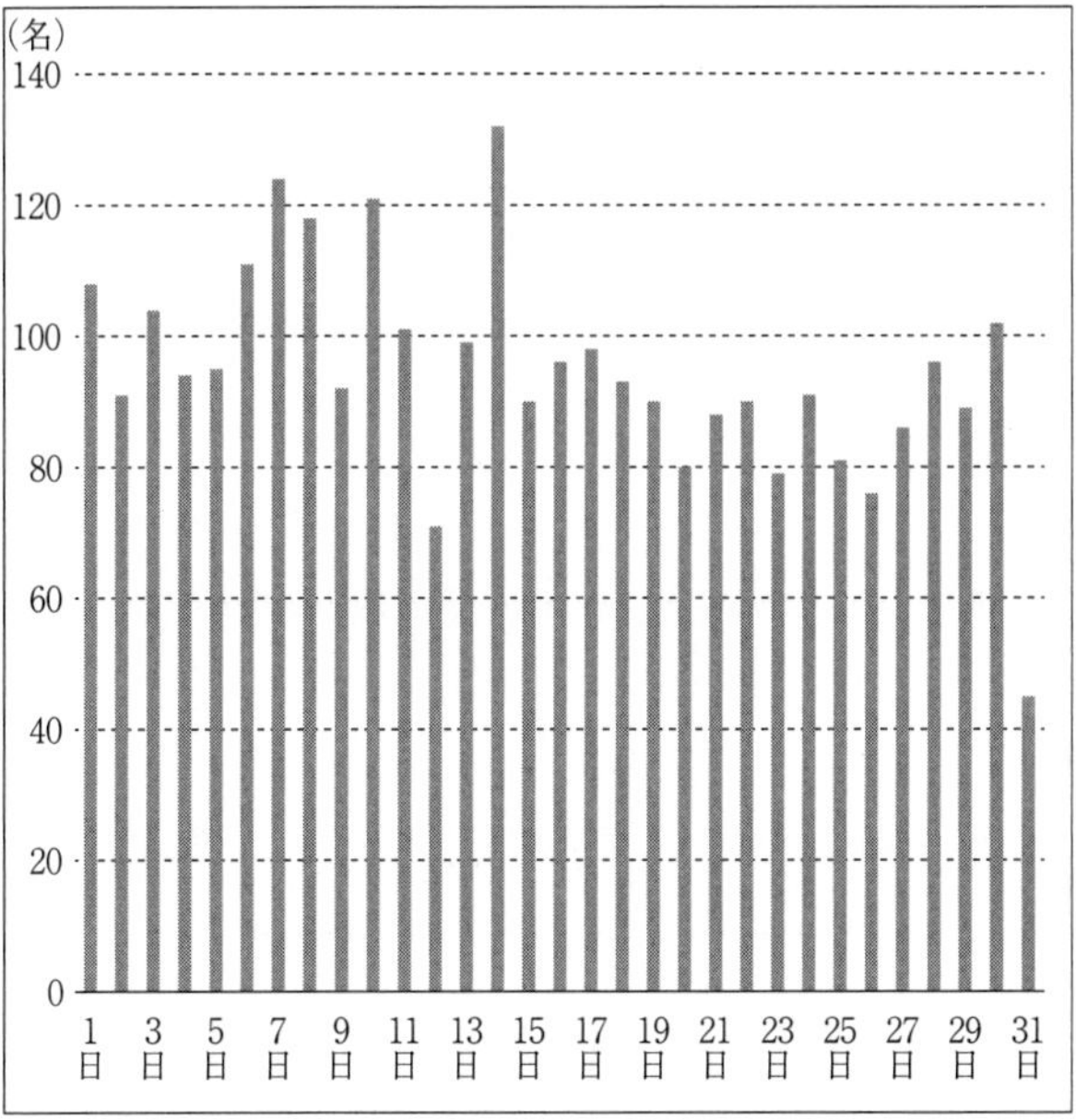

一カ月で見ると、上旬の半ば（5日以降）に増加し、中旬の半ば（14日ごろ）にピークを迎える。以降は横ばいになり、下旬の半ば（25日ごろ）以降から月末にかけて増加する傾向がある。月末の支払いで生活が苦しくなった人、あるいは支払いができなかった人が上旬～中旬の半ばに相談に来ることが影響していると思われる。また性風俗業界の繁忙日である給料日（毎月25日）や夏・冬のボーナス支給日は、相談者数が如実に減る傾向にある。

付録　風テラス白書
（2020年・１年間の相談データ）

1　相談者数

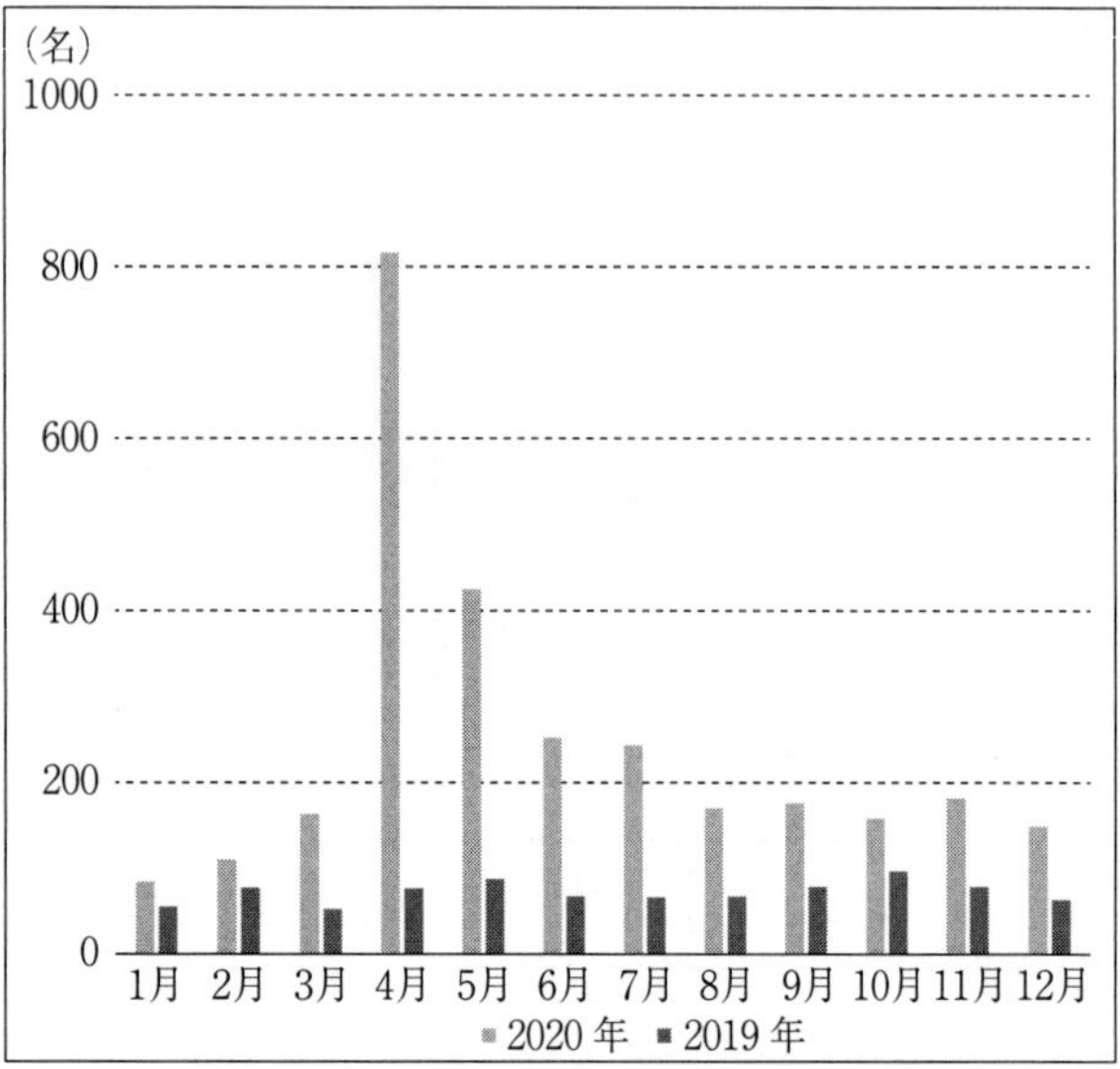

年間の相談者数は延べ2,929名。前年の2019年（874名）に比べて、３倍以上に増加した。

緊急事態宣言の出た４月から６月までの３カ月間の相談者数は1,493名。年間の相談者数の約５割がこの時期に集中している。

ちくま新書
1562

性風俗《せいふうぞく》サバイバル
――夜《よる》の世《せ》界《かい》の緊急事態《きんきゅうじたい》

二〇二一年四月一〇日　第一刷発行

著　者　坂爪真吾（さかつめ・しんご）

発行者　喜入冬子

発行所　株式会社　筑摩書房
東京都台東区蔵前二-五-三　郵便番号一一一-八七五五
電話番号〇三-五六八七-二六〇一（代表）

装幀者　間村俊一

印刷・製本　三松堂印刷　株式会社

ISBN978-4-480-07387-7 C0236

ちくま新書

1162
性風俗のいびつな現場
坂爪真吾

熟女専門、激安で過激、母乳が飲めるなど、より生々しくなった性風俗。そこでは、どのような人たちが、どのような思いで働いているのか。その実態を追う。

1360
「身体を売る彼女たち」の事情
――自立と依存の性風俗
坂爪真吾

なぜ彼女たちはデリヘルやＪＫリフレで働くのか？ そこまでお金が必要なのか？ 一度入ると抜け出しにくいグレーな業界の生の声を集め、構造を解き明かす！

904
セックスメディア30年史
――欲望の革命児たち
荻上チキ

風俗、出会い系、大人のオモチャ。日本には多様なセックスが溢れている。80年代から10年代までの性産業の実態に迫り、現代日本の性と快楽の正体を解き明かす！

1020
生活保護
――知られざる恐怖の現場
今野晴貴

高まる生活保護バッシング。その現場では、いったい何が起きているのか。自殺、餓死、孤立死……。追いつめられ、命までも奪われる「恐怖の現場」の真相に迫る。

1108
老人喰い
――高齢者を狙う詐欺の正体
鈴木大介

オレオレ詐欺、騙り調査、やられ名簿……。平均貯蓄額２０００万円の高齢者を狙った、「老人喰い＝特殊詐欺犯罪」の知られざる正体に迫る！

1125
ルポ 母子家庭
小林美希

夫からの度重なるＤＶ、進展しない離婚調停、親子のギリギリの生活……。社会の矛盾が母と子を追い込んでいく。彼女たちの厳しい現実と生きる希望に迫る。

1225
ＡＶ出演を強要された彼女たち
宮本節子

ＡＶ出演を強要された！ そんな事件が今注目されている。本書は女性たちの支援活動をしてきた著者による初の報告書。ビジネスの裏に隠された暴力の実態に迫る。

ちくま新書

1242
ＬＧＢＴを読みとく
――クィア・スタディーズ入門
森山至貴

広まりつつあるＬＧＢＴという概念。しかし、それだけでは多様な性は取りこぼされ、マイノリティに対する差別もなくならない。正確な知識を得るための教科書。

1067
男子の貞操
――僕らの性は、僕らが語る
坂爪真吾

男はそんなにエロいのか？　初体験・オナニー・風俗・童貞など、様々な体験を交えながら、男の性の悩みを一刀両断する。学校では教えてくれない保健体育の教科書。

415
お姫様とジェンダー
――アニメで学ぶ男と女のジェンダー学入門
若桑みどり

白雪姫、シンデレラ、眠り姫などの昔話にはどのような意味が隠されているか。世界中で人気のディズニーのアニメを使って考えるジェンダー学入門の実験的講義。

377
人はなぜ「美しい」がわかるのか
橋本治

「美しい」とはどういう心の働きなのか？「合理性」や「カッコよさ」とはどう違うのか？　日本の古典や美術に造詣の深い、活字の鉄人による「美」をめぐる人生論。

578
「かわいい」論
四方田犬彦

キティちゃん、ポケモン、セーラームーン――。日本製のキャラクター商品はなぜ世界中で愛されるのか？「かわいい」の構造を美学的に分析する初めての試み。

261
カルチュラル・スタディーズ入門
上野俊哉
毛利嘉孝

サブカルチャー、メディア、ジェンダー、エスニシティ、ポストコロニアリズムなどの研究を通してカルチュラル・スタディーズが目指すものは何か。実践的入門書。

132
ケアを問いなおす
――〈深層の時間〉と高齢化社会
広井良典

高齢化社会において、老いの時間を積極的に意味づけてゆくケアの視点とは？　医療経済学、医療保険制度、政策論、科学哲学の観点からケアのあり方を問いなおす。

ちくま新書

659 現代の貧困 ——ワーキングプア／ホームレス／生活保護 岩田正美

貧困は人々の人格も、家族も、希望も、やすやすと打ち砕く。この国で今、そうした貧困に苦しむのは「不利な人々」ばかりだ。なぜ？ 処方箋は？ をトータルに描く。

683 ウェブ炎上 ——ネット群集の暴走と可能性 荻上チキ

ブログ等で、ある人物への批判が殺到し、収拾不能になることがある。こうした「炎上」が生じる仕組みを明らかにし、その可能性を探る。ネット時代の教養書である。

710 友だち地獄 ——「空気を読む」世代のサバイバル 土井隆義

周囲から浮かないよう気を遣い、その場の空気を読もうとするケータイ世代。いじめ、ひきこもり、リストカットなどから、若い人たちのキツさと希望のありかを描く。

772 学歴分断社会 吉川徹

格差問題を生む主たる原因は学歴にある。そして今、日本社会は大卒か非大卒かに分断されてきた。そのメカニズムを解明し、問題点を指摘し、今後を展望する。

784 働き方革命 ——あなたが今日から日本を変える方法 駒崎弘樹

仕事に人生を捧げる時代は過ぎ去った。「働き方」の枠組みを変えて少ない時間で大きな成果を出し、家庭や地域社会にも貢献する新しいタイプの日本人像を示す。

941 限界集落の真実 ——過疎の村は消えるか？ 山下祐介

「限界集落はどこも消滅寸前」は嘘である。危機を煽り立てるだけの報道や、カネによる解決に終始する政府の過疎対策の誤りを正し、真の地域再生とは何かを考える。

947 若者が無縁化する ——仕事・福祉・コミュニティでつなぐ 宮本みち子

高校中退者、若者ホームレス、低学歴ニート、世の中から切り捨てられ、孤立する若者たち。彼らを社会につなぎとめるために、現状を分析し、解決策を探る一冊。

1053
自閉症スペクトラムとは何か
――ひとの「関わり」の謎に挑む
千住淳
他者や社会との「関わり」に困難さを抱える自閉症。その原因は何か。その障壁とはどのようなものか。診断・遺伝・発達などの視点から、脳科学者が明晰に説く。

1113
日本の大課題 子どもの貧困
――社会的養護の現場から考える
池上彰編
格差が極まるいま、家庭で育つことができない子どもが増えている。児童養護施設の現場から、子どもの貧困についての実態をレポートし、課題と展望を明快にえがく。

1114
これだけは知っておきたい 働き方の教科書
安藤至大
いま働き方の仕組みはどうなっているか？ これからどう変わり、どう備えるべきなのか？ 法律と労働経済学の見地から、働くことにまつわる根本的な疑問を解く。

1164
マタハラ問題
小酒部さやか
妊娠・出産を理由に嫌がらせを受ける「マタハラ」が、いま大きな問題となっている。マタハラとは何か。その実態はどういうものか。当事者の声から本質を抉る。

1490
保育園に通えない子どもたち
――「無園児」という闇
可知悠子
保育園にも幼稚園にも通えない「無園児」の家庭に潜む闇を、丹念な研究と取材で明らかにした問題作。NPO法人フローレンス代表、駒崎弘樹氏との対談も収録。

1233
ルポ 児童相談所
――一時保護所から考える子ども支援
慎泰俊
自ら住み込み、100人以上の関係者に取材し「一時保護所」の現状を浮かび上がらせ、課題解決策を探る。若き社会起業家による、社会的養護の未来への提言。

1235
これが答えだ！ 少子化問題
赤川学
長年にわたり巨額の税金を投入しても一向に改善しない少子化問題。一体それはなぜか。少子化対策をめぐるパラドクスを明らかにし、この問題に決着をつける！

ちくま新書

1190
ふしぎな部落問題
角岡伸彦

もはや差別だけでは語りきれない。部落を特定する膨大なネット情報、過敏になりすぎる運動体、同和対策事業の死角。様々なねじれが発生する共同体の未来を探る。

1253
ドキュメント 日本会議
藤生明

国内最大の右派・保守運動と言われる「日本会議」。改憲勢力の枢要な位置を占め、国政にも関与してきた。謎めいたこの組織を徹底取材、その実像に鋭く迫る！

1324
サイコパスの真実
原田隆之

人当たりがよくて魅力的。でも、息を吐くようにウソをつく……。そんな「サイコパス」とどう付き合えばいいのか？　犯罪心理学の知見から冷血の素顔に迫る。

1371
アンダークラス
――新たな下層階級の出現
橋本健二

就業人口の15％が平均年収186万円。この階級の人々はどのように生きているのか？　若年・中年、女性、高齢者とケースにあわせ、その実態を明らかにする。

1496
ルポ 技能実習生
澤田晃宏

どのように日本へやってきたか。なぜ失踪者が出るのか。働く彼らの夢や目標と帰国後の生活とは。国際的な人材獲得合戦を取材して、見えてきた労働市場の真実。

1521
ルポ 入管
――絶望の外国人収容施設
平野雄吾

「お前らを日本から追い出すために入管（ここ）があるんだ」。密室で繰り広げられる暴行、監禁、医療放置――。巨大化する国家組織の知られざる実態。

1528
レイシズムとは何か
梁英聖

「日本に人種差別はあるのか」。実は、この疑問自体が差別を生み出しているのだ。「人種」を表面化させず、差別を扇動し、社会を腐敗させるその構造に迫る。

ちくま新書

1414
武器としての世論調査
——社会をとらえ、未来を変える
三春充希
内閣支持率は西高東低。野党支持は若年層で伸び悩み。世論調査を精緻に見ていけば、この社会の全体像が見えてくる。仕組みの理解から選挙への応用まで！

1422
教育格差
——階層・地域・学歴
松岡亮二
親の学歴や居住地域など「生まれ」によって、子どもの学歴・未来は大きく変わる。本書は、就学前から高校まで教育格差を緻密に検証し、採るべき対策を提案する。

1436
教え学ぶ技術
——問いをいかに編集するのか
苅谷剛彦
石澤麻子
オックスフォード大学の教育法がここに再現！　論理をいかに構築するのか？　問いはどうすれば磨かれるのか？　先生と学生との対話からその技術を摑み取れ。

1489
障害者差別を問いなおす
荒井裕樹
「差別はいけない」。でも、なぜ「いけない」のかを言葉にする時、そこには独特の難しさがある。その理由を探るため差別されてきた人々の声を拾い上げる一冊。

817
教育の職業的意義
——若者、学校、社会をつなぐ
本田由紀
このままでは、教育も仕事も、若者たちにとって壮大な詐欺でしかない。教育と社会との壊れた連環を修復し、日本社会の再編を考える。

914
創造的福祉社会
——「成長」後の社会構想と人間・地域・価値
広井良典
経済成長を追求する時代は終焉を迎えた。「平等と持続可能性と効率性」の関係はどう再定義されるべきか。日本再生の社会像を、理念と政策とを結びつけ構想する。

1168
「反戦・脱原発リベラル」はなぜ敗北するのか
浅羽通明
楽しくてかっこよく、一〇万人以上を集めたデモ。だが原発は再稼働し安保関連法も成立。なぜ勝てないのか？　勝ちたいリベラルのための真にラディカルな論争書！